Noriko Fukasawa,
11 Jahre

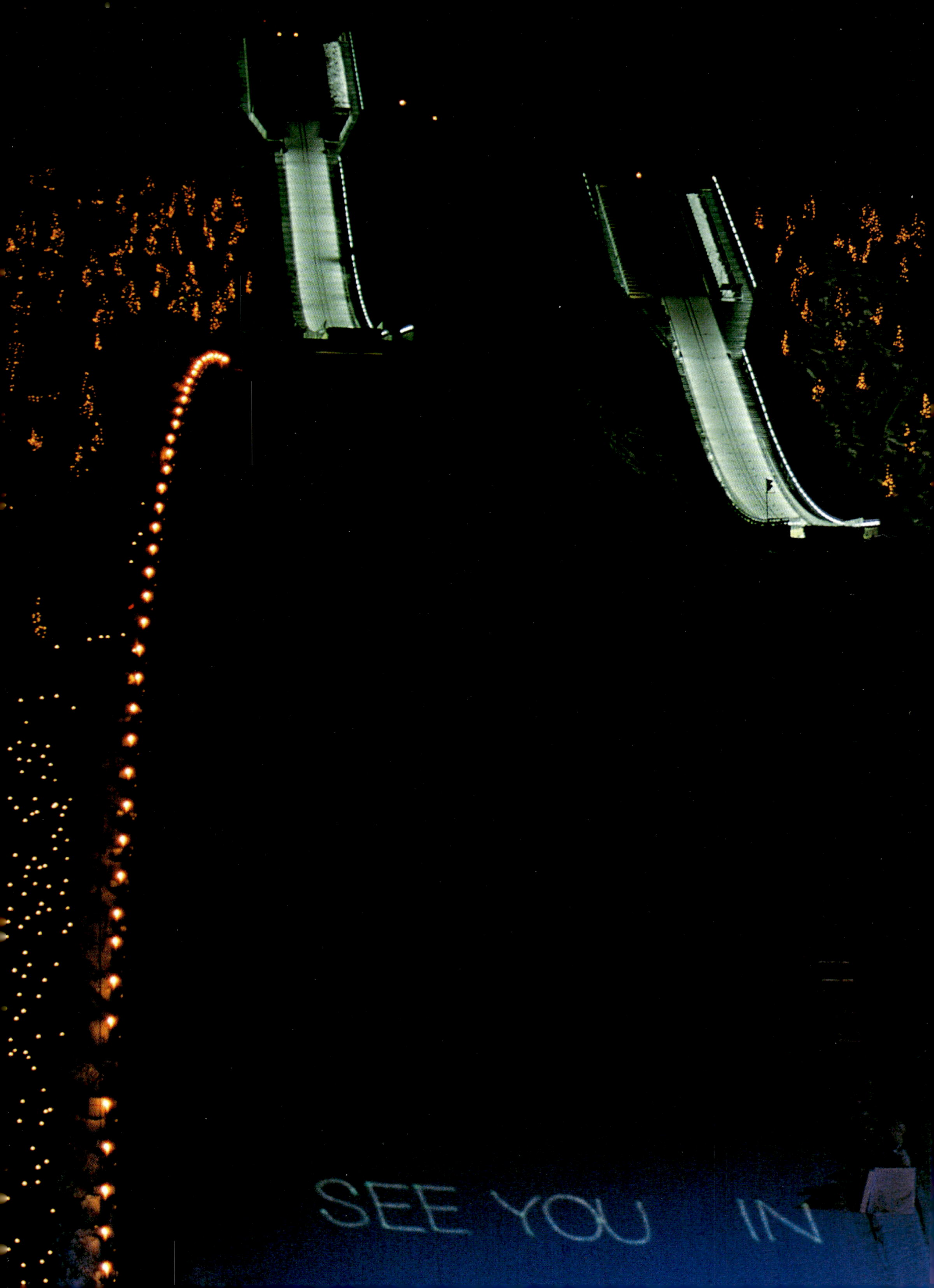
SEE YOU IN

SPORT
VERLAG
BERLIN
NAGANO 1998

NAGANO '98

Das Olympia-Buch

Herausgegeben von Rudi Cerne

Redaktion: Olaf Prill, Raymund Stolze, Eberhard Thonfeld
Fotos: Deutsche Presse-Agentur, Camera 4

Sportverlag Berlin

St. Moritz 1928: Es ist noch nicht die Zeit der großen Sprünge und spektakulären Hebungen, sondern die von Anmut und Grazie. Das belgische Paar Josy van Leberghe/Robert van Zeebroeck wird Sechster.

Nagano 1998: Paarlaufen heute, das ist zirzensische Akrobatik und atemberaubendes Tempo, unendliche Phantasie und vor allem Kunst. Die Deutschen Mandy Wötzel/Ingo Steuer kommen dem Ideal sehr nahe – Platz 3!

Squaw Valley 1960: Helmut Recknagel wird als erster Deutscher Goldmedaillengewinner im Skispringen. Sein Markenzeichen ist die gestreckte Armhaltung nach vorn.

Nagano 1998: Kazuyoshi Funaki, zweimal Olympiasieger von der Großschanze. Der Japaner demonstriert Skispringen ins nächste Jahrtausend mit aerodynamischem Hightech-Anzug und vollendetem V-Stil.

NAGANO
62
FISCHER
FISCHER

Garmisch-Partenkirchen 1936: Der Vorsprung von Bob USA I Ivan Elmore Brown/Alan M. Washbond auf Schweiz II beträgt 1,35 s. Ihre Gesamtzeit für die 6100 m auf Natureis in vier Läufen: 5:29,29 min.

Nagano 1998: Italiens Zweierbob Günther Huber/ Antonio Tartaglia liefert sich ein »totes Rennen« mit Kanada I. Beide Besatzungen brauchen für die 5440 m Kunsteis-Spirale in vier Läufen 3:37,24 min.

ITALIA 1
3

Squaw Valley 1960: Helga Haase vor dem Start zur allerersten olympischen Eisschnellauf-Entscheidung der Damen. Die Deutsche benötigt im Freien 45,9 s für die 500 m und gewinnt Gold.

Nagano 1998: Catriona Le May Doan wachsen in der M-Wave-Halle »Flügel«. Die Kanadierin erzielt als elfte Olympiasiegerin über die gleiche Distanz zweimal Bestzeit: 38,39 s und 38,21 s.

Grenoble 1968: Favorit Jean-Claude Killy gewinnt die erste seiner drei Goldmedaillen auf seiner »Hausstrecke«. Der Franzose wird nach der 2 890 m langen Abfahrt mit 1:59,85 min. gestoppt.

Nagano 1998: Außenseiter Jean-Luc Cretier wird überraschend Abfahrtslauf-Olympiasieger. Killys Landsmann siegt auf der 3 289 m langen Piste in 1:50,11 min.

ellesse
FFS
NAGANO 1998
7
ellesse

St. Moritz 1928: Die Lehrmeister spielen in weißen Trikots. 13:0 bezwingen sie Gastgeber Schweiz. Olympiasieger Kanada erzielt 38:0 Tore, gewinnt alle Spiele zweistellig. Das sind noch sonnige Zeiten ...

Nagano 1998: Er hat in der NHL 61 Rekorde aufgestellt und viermal den Stanley-Cup gewonnen. Er ist mit »Team Canada« gekommen, um Olympiasieger zu werden: der »Eisheilige« Wayne Gretzky.

99

INHALT

内容

Augenblicke 4

Rudi Cerne
Mein Erlebnis
Nagano ’98 19

Gunda Niemann-Stirnemann
Tagebuch 144

Willi Ph. Knecht
Was bleibt … 180

Statistik 184

SKISPORT 26

Langlauf 28

Skispringen 38

Nordische Kombination 46

Ski Alpin 52

Freestyle 66

Snowboard 70

Biathlon 76

OLYMPIA SPECIAL 84

Andrew Jennings
Der reichste Mann der Welt gewinnt olympisches Gold . . . 87

Eine Mixtur von Schnee, Eis und Feuer – 90 Jahre olympischer Wintersport 97

Nach über hundert Jahren klappte es doch noch . . . 105

Es begann mit dem Major auf dem »schi-gelende« 111

Spür' die Faszination! Das Winter-Olympia der Behinderten-Sportler 119

EISSPORT 122

Rudi Cerne
Eiskunstlauf 124

Eisschnellauf 134

Short Track 150

Rennrodeln 154

Bobsport 162

Curling 168

Eishockey 172

IOC-Präsident Juan Antonio Samaranch genießt den Augenblick.

»Ich hoffe, daß die olympische Bewegung weiterhin ihren Weg des Friedens, der Brüderlichkeit und Solidarität zwischen allen Menschen und Ländern geht.« (Papst Johannes Paul II.)

Rudi Cerne

Mein Erlebnis Nagano '98

Zehn Minuten frieren, ein Leben lang Erinnerung.« Der japanische Sumo-Großmeister Akebono hatte so wohl am besten beschrieben, was es bedeutet, an der Eröffnungsfeier von Olympischen Spielen teilzunehmen. Schlicht, würdig und geistvoll, so hatten sich Japans Organisatoren vorgenommen, das Auftaktzeremoniell zu gestalten; aber schnell war im Stadion zu spüren, daß das eine charmante Untertreibung war. Der kontrastreiche Auftakt für die letzten Winterpiele des Jahrhunderts war ein Fest, in dem die Mischung aus Jahrhunderte alter japanischer Kultur und modernster Technologie den besonderen Reiz ausmachten: Disney-Show, Beethoven-Inszenierung und einheimische Folklore. Eingeläutet mit Klängen der Bronzeglocke des nahegelegenen Zenkoji-Tempels – per Video-Technik in die Arena des Olympiastadions übertragen. Das IOC tat jedenfalls gut daran, erstmals die Eröffnungsfeier auf zwei Stunden zu begrenzen.

Wer ein Spektakel mit bombastischer Kulisse erwartete, war auf der falschen Veranstaltung. In Nagano konzentrierte man sich auf das Wesentliche: den Einmarsch der Sportler. Alles, was zu bunt, zu kitschig und zu überzogen hätte wirken können, erhielt diesmal eine deutliche Absage. Eine gute Wahl. Ebenso wie die Entscheidung, 150 putzmuntere Schneekinder aus Nagano in den Farben der 72 Teilnehmerländer in den Mittelpunkt zu stellen. Ausgelassen tanzten sie zum eigens für die Winterspiele komponierten Friedenslied »When the Children Rule the World«. (Wenn die Kinder die Welt regieren). Beim Auftritt des britischen Fackelläufers Chris Moon waren alle auf den Tribünen ergriffen. Der Anti-Landminen-Aktivist hatte bei einem Minenräumeinsatz in Afrika eine

△ Das Erlebnis Olympia: 1980 und 1984 als Sportler, nun erneut bei Olympischen Winterspielen als Fernseh-Moderator. Den Olympia-Vierten von Sarajevo, Rudi Cerne, zeichnete vor allem Eleganz auf dem Eis aus.

Hand und ein Bein verloren und lief gemeinsam mit einem blinden Kind an der Hand mit der Olympischen Fackel ins Stadion ein. Schlußläuferin Midori Ito entzündete das Olympische Feuer und gab zu: »Ich habe mich da oben wie eine Göttin gefühlt.« Die japanische Eiskunstläuferin, 1989 erste Weltmeisterin ihres Landes und Silbermedaillen-Gewinnerin 1992 in Albertville, hätte sicherlich gerne diesen Moment festgehalten, wie eben Akebono, jener schwergewichtige und nur spärlich bekleidete Ringer, der es als Ehre empfand, mit der Darbietung der zeremoniellen Ringbesteigung der Welt einen kurzen Ausschnitt japanischer Kultur vorgestellt zu haben.

Als der japanische Kaiser Akihito feierlich die XVIII. Olympischen Winterspiele eröffnete, mußte auch Juan Antonio Samaranch Haltung annehmen. Der Präsident des IOC hatte sich zu früh wieder hingesetzt und wurde mit netter Geste von einer Hosteß gebeten, zur offiziellen Eröffnung durch den Tenno wieder aufzustehen. Wenn ein Kaiser spricht, hat sich auch ein Präsident zu erheben. So verlangt es das Protokoll.

Der traditionelle Einmarsch der Nationen ist stets auch Quotenbringer für die übertragenden Sendeanstalten, und die Frage sei gestattet: Warum? Vielleicht liegt es einfach nur an dem schlichten Bild, das sich aus der Nähe und der Geschlossenheit aller Mannschaften ergibt, die zu einem sechzehntägigen Wettkampfmarathon antreten. Bei aller Anerkennung für die kreative Arbeit von Regisseuren, eine Bühneninszenierung zu kreieren – der gemeinsame Auftritt aller Sportler, das hat den ganz besonderen Reiz. Aber vielleicht sind es auch nur mein persönliches Gefühl und die Erinnerung, auch einmal dabei gewesen zu sein.

Wenn ich zurückdenke an die Eröffnung 1980 in Lake Placid, so ist tatsächlich nur der Einmarsch der Nationen hängen geblieben. 1984 in Sarajevo mußte ich auf den Auftakt verzichten, da die Eiskunstlauf-Entscheidung der Herren erst in die zweite Woche fiel. Und bei aller Wertschätzung der guten Traditionen und des olympischen Mottos »Dabeisein ist alles«, dem sportlichen Abschneiden ist nun mal alles untergeordnet. So war es in Lake Placid die Eröffnungsfeier, die den ersten Trainingstag komplett über den Haufen warf. Auch damals blieben Busse im Verkehrsgewühl stecken, egal, ob nun mit Sportlern, Offiziellen oder VIP's besetzt. Nach stundenlanger Warterei in Eiseskälte mußte der damalige Bundestrainer Erich Zeller die erste Trainingseinheit ausfallen lassen. Nicht weiter schlimm, aber so etwas sollte mir nicht noch mal passieren. Deswegen war ich auch nicht weiter böse, vier Jahre später den festlichen Auftakt verpaßt zu haben. Wir wollten so lange wie möglich zu Hause trainieren. Schließlich hatte ich mir eine Medaille ausgerechnet, woraus dann leider nichts geworden ist. Schnee von gestern.

Die Gastgeber von Nagano hatten »Spiele des Herzens« versprochen und dabei auch auf modernste Technologie gesetzt. Rekorde wurden nicht nur auf Eis und Schnee markiert. Es waren die teuersten Winterspiele aller Zeiten. Die Gesamtkosten von mehr als drei Milliarden Mark sprengten alle Dimensionen. Allein die Einsschnellaufarena »M-Wave«, für 480 Millionen

Mark erbaut, gilt als die teuerste der Welt. Auch der durch die Fernsehanstalten betriebene Aufwand setzte völlig neue Maßstäbe. 377 Fernsehkameras wurden eingesetzt, Mini-Mikros im Eis der Bobbahn und der Kunst- und Schnellaufarena installiert. Der olympische Geist wurde in die Wohnstuben projiziert.

Aber auch niemals zuvor mischte sich der internationalen Aufmerksamkeit für die Spiele ein so hohes Maß an Skepsis bei. Denn noch nie wurden sie so weit südlich ausgetragen. Nagano, umgeben von den japanischen Alpen, liegt auf dem selben Breitengrad wie Tunis oder Sevilla und nur 50 km vom Japanischen Meer entfernt. Wie befürchtet, sorgten die klimatischen Umstände für Wetterkapriolen, durch die die Olympia-Planer schnell unter Druck gerieten. Schon am ersten Wochenende sollten die Skeptiker recht bekommen. Starker Schneefall und plötzlich aufkommender Nebel zwangen zur Verschiebung und schließlich zur Absage der Herren-Abfahrt. Nach zwölf Wettkampftagen hatten die Veranstalter bereits den dreizehnten Ausfall im alpinen Bereich zu beklagen. Sportler, Pistenchefs und Helfer trugen es mit Fassung und Galgenhumor. »Das Einzige, das in Japan stimmt, ist der Wetterbericht«, so Katja Seizinger, die mit ihren Teamgefährtinnen auch schon mal mit einem Regenschirm zum Training erschien. Das Wetter am unseligen Berg Karamatsudake bewegte sich zwischen strömendem Regen, Schneegestöber, Sonnenschein, Blitz und Donner. Durch einen Notplan wurden erstmals in der Geschichte der Olympischen Winterspiele drei alpine Skirennen an einem Tag ausgetragen (Super-G Männer, Abfahrt und Kombinations-Abfahrt der Damen am 16. Februar). Olympiareif war die Leistung all derer, die unermüdlich versuchten, wettkampfgerechte Bedingungen herzustellen. Mit einem Heer von 750 Pistenarbeitern, darunter auch 200 eingeflogene Helfer aus Manila, kämpfte FIS-Sportdirektor Günter Hujara gegen Neuschneemassen an, durch die der Riesenslalom der Männer verhindert wurde. Den Gastgebern konnte man keinen Vorwurf machen. Ein Sprecher des Organisationskomitees entschuldigte sich für die wetterbedingten Absagen bei den alpinen Skirennläufern. Was soll's, alle haben das Beste daraus gemacht, und ich bin sicher, daß die deutschen Ski-Damen Katja Seizinger, Martina Ertl und Hilde Gerg nach ihrem historischen Erfolg in der Kombination Nagano in bester Erinnerung behalten werden, trotz Wind und Wetter.

»Zehn Minuten frieren, ein Leben lang Erinnerung.«

SUMO-Großmeister AKEBONO

Winterspiele, die nun mal zwangsläufig im Freien stattfinden, ergeben immer eine Rechnung mit vielen Unbekannten. Auch die alpine Weltcup-Saison blieb nicht von unzähligen Verschiebungen verschont, in weit nördlicher gelegenen Gefilden. Und daß Autos bei Großveranstaltungen im Straßenverkehr stecken bleiben, ist kein olympisches Phänomen. Schließlich sind es ohnehin die olympischen Momente, die sich einprägen.

Rekorde, Siege, Niederlagen, Geschichten, Anekdoten. Georg Hackl markierte einen Triumph für die olympischen Geschichtsbücher. In Nagano hatte er seine

dritte Goldmedaille nacheinander gewonnen, was vor ihm als Einzelstarter in der gleichen Disziplin nur die Eiskunstläufer Sonja Henie und Gillis Grafström, die Eisschnelläuferin Bonnie Blair und der Oberwiesenthaler Nordisch-Kombinierte Ulrich Wehling erreichten. So nahm die Feierei kein Ende, dem Bayern wurde im überfüllten »Kufenstüberl« ein weiß-blauer Teppich ausgerollt, und Weißbier gab es bis zum Abwinken. Wie muß sich aber jemand fühlen, der um vier Millimeter Gold verpaßt hat? Um diese Winzigkeit hatte Uschi Disl das Ziel am Schießstand beim 15-km-Biathlon-Rennen verfehlt. Als die Scheibe nicht fiel, warf sie mit einem lauten »Oh mei« den Kopf in den Nacken. Mir fallen heute noch ganz andere persönliche Geschichten ein beim Gedanken, 1984 die Bronzemedaille verpaßt zu haben. Als letzter Läufer hatte mir damals in Sarajevo der Tscheche Jozef Sabovčik mit einer perfekten Kür Bronze vor der Nase weggeschnappt.
Damals habe ich Olympia nur in meiner Sportart erlebt, isoliert und weit entfernt von allem, was vielleicht noch den zusätzlichen Reiz ausgemacht hätte. Alles spielte sich irgendwo zwischen Pflicht, Kurzprogramm und Kür ab. Um so intensiver waren die Eindrücke auf der anderen Seite der Bande, als Berichterstatter. Als Masahiko Harada mit dem letzten Sprung für seine Mannschaft den Sieg perfekt machte und hemmungslos heulend im Fernsehinterview kaum ein Wort herausbrachte, mußte ich schlucken. Ich war nicht der einzige. Olympische Momente spielten sich auch im zwischenmenschlichen Bereich ab, oft ganz unerwartet. Nach dem letzten Wettbewerb der alpinen Skirennläuferinnen in Hakuba, der mit dem Dreifachtriumph der deutschen Damen endete, mischten sich Katja Seizinger, Hilde Gerg und Martina Ertl einfach unters Volk, um sich für das lange Aushalten im Schneegestöber von Nagano zu bedanken. Für mich eine der schönsten Szenen. Auch das ist Olympia. □

▷ »Vom Läuten der Tempel-Glocke bis zur Aufführung von Beethovens ›Ode an die Freude‹ war die Eröffnungszeremonie sowohl aufbauend als auch pünktlich. Eine Botschaft, die Sydney als Gastgeber der Sommerspiele im Jahr 2000 zu berücksichtigen haben wird.« ***The Sun-Herald*, Australien**

SKISPORT

スキースポーツ

LANGLAUF

クロスカントリースキー）

Die Snow Harp, die »Schneeharfe«, mag ja idyllisch sein, doch diesmal war sie verstimmt. Schneefälle, Regen, Hagel – nichts blieb den Läufern erspart. Nur zuletzt schien die Sonne. Das war noch Wintersport pur. So lange es ihn gibt, leben auch die Winterspiele.

Mit dem Auftakt, den 15 km der Frauen, begann die Wachslotterie, die vor allem zwischen zwei russischen Trainern ausgefochten wurde. Gruschin oder Woronin – wer wurde diesmal Alexander der Große? 1997 war Gruschin der Triumphator, als Jelena Välbe das Kunststück fertigbrachte, alle fünf WM-Titel zu gewinnen. Doch die 29jährige reiste erkrankt in Nagano an, lief trotzdem und erlitt eine derbe Niederlage. Sie wurde nur 17.

Der Gewinner hieß diesmal Alexander Woronin, den sie nur »Goldhand« nennen, Und er hatte diesmal zwei besonders gute Wochen, denn er fand jedes Mal in der Wachskiste für seine Schützlinge die richtige Mischung. Über 15 km hatte Olga Danilowa, die vor zwei Jahren Zwillinge – Sawili und Simeon – zur Welt gebracht hatte, das schnellste Brett, doch hinter ihr rangierte schon die achtmalige Weltmeisterin Larissa Lasutina, die nach Trondheim aus Verdruß über Gruschin erst einmal zurückgetreten war.

Das aber war in Nagano erst der Anfang für den größten russischen Erfolg. Die Frauen gewannen alle fünf Strecken. Ihre insgesamt acht Medaillen machten nahezu die Hälfte der olympischen Bilanz Rußlands aus. Und Larissa Lasutina erlebte eine Renaissance. Zu einer Rückkehr war sie erst nach Gesprächen mit ihrem Manager bereit gewesen, wobei man ihr die Bedingung erfüllte, sich individuell vorbereiten zu können. Das war ein weiser Entschluß, denn nun gewann sie dreimal Gold und je einmal Silber und Bronze. Es war ungewöhnlich, daß sie nach ihrem ersten Sieg zu Beginn der Pressekonferenz gleich vier Personen aufzählte, denen sie Dank schuldete. An erster Stelle stand ihr Sponsor, der Präsident eines Erdgas-Unternehmens auf Sachalin. Es folgten Trainer Alexander Krawzow, Ehemann Gennadi, der mit ihr hart vor allem im Sommer zu Hause in Odinzowo am Stadtrande Moskaus trainiert hatte, und zuletzt erwähnte sie auch noch Cheftrainer Gruschin. Die Russinnen sind zerstritten, aber erfolgreich. »Menschlich haben wir nichts gegeneinander, wir können nur nicht miteinander arbeiten«, meinte die Lasutina, die über 10 000 Trainingskilometer im Jahr zurücklegt, 2000 mehr als die Deutschen. Natürlich geht es auch ums Geld. Kein Land zahlte höhere Prämien als Rußland: pro Sieg jeweils 50 000 Dollar vom NOK und der Regierung.

Das Nachsehen hatte diesmal Jelena Välbe, die nach ihrer Genesung zwar in der Tradition blieb und zum dritten Mal seit 1992 Staffel-Gold gewann, doch als Fünfte über 30 km erneut den Einzelerfolg verpaßte, der an die 21jährige Sibirierin Julia Tschepalowa ging. Auch sie hatte Sonderkonditionen ausgehandelt und wurde nur von ihrem Vater trainiert. Etwas mehr Individualismus schwebt auch den Deutschen vor, deren junges Staffelteam sich mit Platz fünf achtbar schlug. Nur 2,1 Sekunden fehlten auf Bronzemedaillengewinner Italien.

»Mein Sohn Sivert denkt, Skilanglauf sei, wenn ich gewinne und die anderen mitmachen.«

Björn Dählie, Norwegen

Als die Wettbewerbe der Männer mit den 30 Kilometern begannen, herrschte ein so starker Schneefall, daß in den Wachshütten die Alarmglocken läuteten. Bei den Norwegern, wo in zwei Gruppen gewachst worden war, besonders laut, denn Björn Dählie und Thomas Alsgaard lagen völlig daneben. Während Dählie sich frustriert durch die Loipe quälte und dann wie ein Rohrspatz schimpfte, daß das mit Olympia nichts zu tun hätte, verkürzte Alsgaard das Leiden und stieg ebenso aus wie Deutschlands Jochen Behle bei seiner sechsten Teilnahme an Winterspielen. Danach plädierte er für eine neue Regel, »denn die Alpinen würden bei so einem Wetter keinen einzigen Schritt vor die Tür setzen«.

Unberührt von den Launen der Frau Holle zog der Finne Mika Myllylä seine Kreise, der sich schon 1997 über 50 km den Ruf eines »Regenweltmeisters« erworben hatte. Den Sommer über hatte er im Ski-Tunnel von Vuokatti trainiert, über den die Finnen als einzige verfügen. Als der »Karpasi«, wie im hohen Norden ein Mann genannt wird, der im Wald lebt und Beeren sammelt, am Morgen aus dem Fenster schaute, hatte er gejubelt, »denn das war mein Wetter«. Sechs Paar Ski waren für ihn vorbereitet, und noch in der letzten Minute stieg er um, so daß er Bretter an den Füßen hatte, mit denen er besser als alle anderen steigen und abfahren konnte. Was die Konkurrenz als Alptraum empfand, war für ihn ein wundervoller Tag. Myllylä führte von Beginn an, und am Ende hatte er 1:31,3 min zu dem Norweger Erling Jevne herausgelaufen. Wenn auch der Abstand nicht fair war, so hatten sich die Finnen nach 34 sieglosen Jahren diesen Erfolg verdient. Denn ihr letzter Olympiasieger war kein anderer als Eero Mäntyranta, der 1964 in Innsbruck Geschichte schrieb. Die Gemeinde Haapajärvi bedankte sich noch in den Tagen von Nagano mit einem neuen Stück Wald beim »Überirdischen«.

Eine solche Panne mit dem Wachsen passierte den Norwegern nicht noch einmal. Über 10 km ließ sich Björn Dählie im Regen sein sechstes Gold nicht entgehen. Während sich die Konkurrenten ein Dach suchten, gab der 30jährige im Ziel lange Interviews, so daß er auch noch den Letzten empfangen konnte: Philip Boit aus Kenia. Der Cousin des früheren Weltklasseläufers Mike Boit, auch ein Leichtathlet mit Bestzeiten von 46,20 s (400 m) und 1:47,46 min (800 m), hatte 1996 in Finnland das Skilaufen gelernt und sich seit Herbst '97 dort vorbereitet. Für seine Premiere wären schlechtere Bedingungen kaum denkbar gewesen, so daß er manchmal schneller vorangekommen wäre, hätte er die Bretter unter den Arm genommen. Er nahm es als Erfahrung und will 2002 in Salt Lake City wiederkommen.

Es war nur eine Frage der Zeit, bis Dählie in der olympischen Chronik an Jelena Jegorowa mit ihren sechs Goldmedaillen vorbeizog. Doch zunächst verlor er im Jagdrennen erst einmal die »Straßenmeisterschaft von Nannestad« gegen Thomas Alsgaard. In dem kleinen Ort nördlich von Oslo baute sich Dählie im Cathinka Guldbergsveien 64, dem »Goldbergsweg«, 1993 ein Haus, und zwei Jahre später zog Alsgaard – 200 m entfernt – in die Nummer 16. Können zwei Rivalen unter solchen Umständen noch Freunde sein? »Selbstverständlich nicht«, flachste Dählie, »denn jeder will in unserer Straße der Beste sein.« Alsgaard spottete gleichfalls: »Seine Kinder schmeißen Steine auf mein Haus, doch die Fenster haben sie bisher noch nicht getroffen.« Dafür werden sie ihn jetzt wohl »Abstauber« rufen, denn Alsgaard, der Dählie bei 7,4 km eingeholt hatte, blieb in dessem Windschatten und sparte sich die Kraft für den Spurt.

Dählie begann die Winterspiele sehr langsam, doch er steigerte sich. Die Staffel, in der Norwegen gegen Italien den Spieß umdrehte und noch knapper – mit zwei Zehntel Vorsprung – gewann, als sie sie 1994 verloren hatte, bekam er sein siebtes Gold. Doch Fragen nach einem Medaillenrekord wies er von sich und meinte: »Wenn ich Großvater bin, werde ich das alles vielleicht mehr genießen.« Bestimmt war es gut so, dafür keine Gedanken zu verschwenden, denn andernfalls wäre er wie die Finnen, von denen es hieß, daß Myllylä zuviel gefeiert hätte, vielleicht nicht am 50-km-Start erschienen, »denn mental war ich mit diesen Winterspielen schon vorher fertig«, wie Dählie später sagte. Auf der ersten Runde, die er als Zehnter beendete, konnte er sich nicht motivieren. Doch dann kam der Appetit: Nach 25,2 km war er Vierter, bei 33,4 km Zweiter, nach 46,4 km lag er an der Spitze. Die letzten Kilometer wurden für ihn zu einer Tortur. Dählie spürte, wie die Beine schwach wurden und wie der vor ihm laufende Schwede Niklas Jonsson an Vorsprung gewann, während der starke Österreicher Christian Hoffmann ihm auf den Leib rückte. Als Dählie ins Stadion einlief, hatte er 18 Sekunden Vorsprung vor Jonsson, und er konnte kaum glauben, daß er die Goldene noch retten würde. Mit letzter Kraft schleppte er sich ins Ziel, wo er zusammenbrach und vor Erschöpfung liegen blieb. Von seinem Sieg erfuhr er durch Jonsson, der sich niederbeugte und ihm ins Ohr raunte: »Du warst acht Sekunden

Björn Dählie konnte sich nicht erinnern, jemals ein härteres Rennen bestritten zu haben, und danach glaubte er, es war auch sein letztes. »Diese Medaille habe ich mir wirklich verdient«, meinte er, »denn ich war total kaputt und habe mich hundertprozentig ausgegeben«. Sein Gefühl sagte ihm, daß es jetzt die Zeit zum Rücktritt wäre. Doch das wollte er nicht allein entscheiden, sondern erst mit der Familie besprechen. Falls er es sich noch einmal anders überlegen sollte, dann sicher nicht des Geldes wegen. Denn Dählies Jahreseinkommen beträgt auch ohne berufliche Ausbildung schätzungsweise umgerechnet vier Millionen Mark. Nach Nagano dürfte es im Steigen begriffen sein. Dählie vermarktet seinen Namen für Sport-Konfektion, und im norwegischen Fernsehen laufen erfolgreich zwei Sendungen mit ihm: In der einen stellt er internationale Küche vor, in der anderen mit seinem Freund Vegard Ulvang, der wie er 1992 dreimal Olympiasieger wurde, ferne Länder.

Auch in der »Schneeharfe« fand Dählie dreimal Gold und einmal Silber. Nur die Lasutina übertraf ihn um eine Bronzene. Im Olymp der Medaillen-«Götter« indes thront der Norweger jetzt einsam als bester Wintersportler. Mit acht Siegen und vier zweiten Plätzen rangiert er unmittelbar hinter den Größten des Sommersports, zwar mit einer Goldenen weniger, aber genauso vielen Medaillen wie der finnische Wunderläufer der 20er Jahre, Paavo Nurmi. Es wird lange dauern, bis es einen Skiläufer wie Björn Dählie noch einmal gibt. □

Ein Autogramm vom »König der Skilangläufer« ist bei Norwegens Kindern sehr begehrt. »Goldmedaillen sind nicht alles im Leben«, meint denn auch Björn Dählie. Lebensgefährtin Vilde und seine beiden Kinder Sander und Sivert »liefen« deshalb in Nagano jedesmal mit.

IM BLICKPUNKT

HARRIS BRONZEZEIT

In der Loipe ist er leicht zu erkennen, weil er den Kopf immer nach rechts geneigt trägt. Aber nicht etwa aus Altersschwäche, obwohl er am 10. Mai bereits 40 Jahre alt wird. Im Gegenteil: Der Finne Harri Kirvesniemi ist nicht nur einer der erfahrensten Läufer, sondern er war auch wieder einer der besten. Sein olympisches Debüt gab er 1980, und seitdem erlebte er sechsmal Winterspiele, bei denen er immer die Zuverlässigkeit in Person war. Er begann mit Rang drei in der Staffel, deren Startläufer er war. 18 Jahre später hatte er die gleiche Position inne und wieder wurde es Bronze. Das nennt man Stabilität. Den größten Bekanntheitsgrad erreichte er jedoch 1984. Weniger der beiden Bronzemedaillen wegen, die er diesmal mit nach Hause brachte, sondern weil er im Sommer seine Teamkameradin Marja-Liisa Hämäläinen heiratete, die mit drei Siegen und einem dritten Rang die erfolgreichste Teilnehmerin von Sarajevo wurde. Immer war all die Jahre Marja-Liisa ihrem Harri einen Schritt voraus. Sie startete schon 1976, und sie war die erste Frau mit sechs Olympiateilnahmen. Erst als sie nach Lillhammer '94 zurücktrat, um sich auf ihrem Bauernhof in Simpele den Töchtern Elisa (12) und Anita (7) zu widmen, war für ihn der Weg frei, um wenigstens von der Quantität her mit ihr gleichzuziehen. Doch das war es offenbar noch lange nicht. Eigentlich war nun sein Rücktritt beschlossene Sache. »Doch ich muß erst einmal sehen, ob das mit der Olympia-Bewerbung Lahtis für 2006 klappt.« Ernst oder Spaß? Bei Harri Kirvesniemi muß man mit allem rechnen.

Ihr olympisches Debüt in Nagano gaben die deutschen Mädchen Kati Wilhelm und Anke Schulze, Manuela Henkel und Constanze Blum (beim Staffelwechsel), die über 4 x 5 km einen hoffnungsvollen fünften Platz belegten.

Der lange Weg der Ski-Königin von Nagano

△ Als Fräulein Ptitsyna stand sie 1987 in Oberstdorf bei den Weltmeisterschaften in der siegreichen UdSSR-Staffel. Zum Zeitpunkt der Olympischen Winterspiele in Calgary 1988 wurde Larissa Mutter einer Tochter. 1992 in Albertville und 1994 in Lillehammer lief sie sich in den siegreichen Staffeln für Nagano in Schwung. 32jährig gewann nun Frau Lasutina (vorn) in den fünf Rennen fünf Medaillen (3x Gold, 1x Silber, 1x Bronze). Eine ihrer härtesten Konkurentinnen war die Tschechin Katarina Neumannova.

CHRONIK DEUTSCHLAND

OLYMPIASIEGER

1980 Barbara Petzold (10 km)

Marlies Rostock/
Carola Anding/
Veronika Hesse/
Barbara Petzold
(Staffel)

»Ich hatte wahnsinnige Angst, daß sich Lillehammer wiederholt«, bekannte Björn Dählie. »Aber Thomas hat die Rache vollendet, und daß es nur 20 Zentimeter und nicht 30 Sekunden waren, ist um so besser.« Eine Spitzen-Leistung! Thomas Alsgaards (rechts) Spagat mit völlig verdrehtem Körper bringt Norwegen den Olympiasieg vor Silvio Fauners italienischer Skistaffel.

MEMORY

SKILANGLAUF

1927 wurde auf der norwegischen Insel Rødøy eine 5000 Jahre alte Felszeichnung gefunden, die einen Mann mit einem Paar langer Ski an den Füßen zeigt. Historiker gehen davon aus, daß die Ski, deren Bezeichnung mit dem deutschen »Scheit« verwandt ist, das überhaupt älteste Sportgerät der Menschheitsgeschichte sind. Es ist bei vielen Völkern nachweisbar.

In der norwegischen Provinz Telemark fanden 1555 erste Wettkämpfe statt. Sondre Norheim konstruierte dort 1868 die erste funktionstüchtige Bindung. Entscheidend zur Popularisierung des Skilanglaufs trug sein Landsmann Fridtjof Nansen bei, als dieser 1888 auf Brettern Grönland durchquerte und anschließend darüber ein Buch schrieb.
Seit Chamonix 1924 gehört der Skilanglauf zum Olympischen Programm. Die Staffel wurde erstmals 1936 ausgetragen. Ab 1952 waren auch Frauen zugelassen. 1984 brachte der von dem Finnen Pauli Siitonen eingeführte Schlittschuhschritt die Trennung der Techniken in »Klassisch« (Diagonalschritt) und »Freistil« (Skating).

JOCHEN BEHLE

... FIND ICH GUT!

37 Jahre alt, Berufssportler aus Willingen, verheiratet mit der Biathletin Petra Behle. Sechsmaliger Olympia-Teilnehmer – Staffel-Vierter 1980 und 1994. Zehnmal bei WM am Start, 42mal Deutscher Meister, davon 28mal als Einzelläufer. In Nagano Fahnenträger der deutschen Mannschaft zur Eröffnungsfeier.

80 Kilometer und nichts doppelt

Warum läuft einer Ski? Und läuft und läuft und läuft, ohne auf die Idee zu kommen, zu sagen: Jetzt reicht es! Die Antwort darauf ist wohl manchmal ähnlich, aber immer auch individuell. So individuell wie dieser Sport, bei dem man Einzelgänger sein kann und doch nicht allein ist. Skilaufen, das war so etwas wie Familientradition. Acht, neun Jahre war ich alt, als ich mit meinem Vater zu den ersten Wettkämpfen gefahren bin. Zuvor hatte ich bei »Jugend trainiert für Olympia« Fußball gespielt, mich am Volleyballnetz gestreckt, unvollkommene Versuche als Turner hinter mich gebracht, im Stadion als Leichtathlet meine Runden gedreht. Ganz schön, all das – aber mit den Brettern durch die Loipen ziehen, dagegen kam nichts an. 1970 startete ich bei meiner ersten Deutschen Meisterschaft, und spätestens da wußte ich, daß ich diesen Sport mein Lebtag nicht mehr aufgeben würde.

Ich bin ein Naturmensch und schon deshalb beim Skilaufen genau richtig aufgehoben. Da genießt man Details, bei denen Außenstehende vielleicht nur mit den Schultern zucken: die bizarre, weiße Winterlandschaft, die dampfenden Atemwolken, das Knirschen des Schnees. Man lebt im Rhythmus der Natur, spürt den ersten Frost im Boden, riecht den nahenden Flockenfall. In der Loipe hat man Zeit zur inneren Zwiesprache, kann in seinen Körper hineinhorchen. Der Norweger Björn Dählie hat mal gesagt, er nehme auf dem Weg zwischen Start und Ziel kaum etwas wahr, bestenfalls Silhouetten. Bei mir ist das ganz anders, ich sauge fast alles in mich auf. Ich denke darüber nach, wie ich mich weiter verbessern könnte – und wenn die Strecke lang genug ist und dafür Luft bleibt, summe ich auch mal ein Lied, das ich irgendwo aufgeschnappt habe. Im Stadion eingesperrt zu sein, das könnte ich mir nur sehr schwer vorstellen. Im Skilanglauf läuft man womöglich achtzig Kilometer und erlebt unterwegs nichts doppelt!

Schon als Knirps kann man auf den Brettern stehen, genauso wie noch im hohen Alter. Jeder Arzt wird Skilanglaufen empfehlen – fürs Herz, für den Kreislauf, für den ganzen Körper. Daß für mich die dauerhafte Lust an der Leistung dazukam, potenzierte das Vergnügen beträchtlich. Die Ausdauer-Szene, egal in welcher Sportart, produziert jede Menge besondere Typen – und irgendwie bin ich ziemlich stolz darauf dazuzugehören. Beim Wasa-Lauf in Schweden habe ich unter den 15 000 Startern Leute entdeckt, von denen ich dachte, die sehen das Ziel nie. Deren Zufriedenheit auf der Zielgeraden zu erleben, wenn sie abends Stunden nach dem Gewinner ihren ganz persönlichen Sieg über sich selbst errungen haben, da war Mann für Mann, Frau für Frau ein Plädoyer für die Schönheit meines Sports. Der »Wasa«, die neunzig Kilometer zwischen Mora und Sälen, das ist für jeden, der dabei war, etwas, das bleibt. Skilangläufer werde ich immer sein, auch, wenn ich nach meinen sechsten Spielen die Wettkampfbretter in die Ecke stelle.

ジャンプ

SKISPRINGEN

Unbändige finnische Freude: Er kam, sah und siegte, und es waren nicht nur die Japaner verblüfft: Jani Soininen, Olympiasieger von der Normalschanze. Wie gut er drauf war, belegte das Springen von der großen Anlage: Silber.

Funaki heißt auf japanisch »Schiffsmast«, und wie ein solcher ragte der 22jährige Kazuyoshi im olympischen Winter aus der Elite der Springer heraus. Der Gesamterfolg bei der Vierschanzentournee und der Skiflug-WM-Titel waren ein Vorgeschmack auf Nagano. Die Winterspiele schienen den Söhnen Nippons Flügel zu verleihen.

Der Name Harada indes besteht aus den Worten »Wald« und »Reisfeld«, und ihn trägt ein Springer, der in Japan den Ruf eines Athleten genießt, der alle Höhen und Tiefen ausgekostet hat. Unvergessen ist, wie Masahiko Harada 1994 in Lillehammer mit dem letzten Sprung den schon sicher geglaubten Olympiasieg im Mannschaftsspringen verschenkte. Ohne Ende lächelnd, ertrug er damals sein Unglück. Doch als Nagano nahte, entschloß sich der Familienvater, im Zenkoji-Tempel der Olympiastadt Fürbitte zu leisten, damit ihm solches Malheur zu Hause erspart bleibe.

Das Datum der ersten Entscheidung auf der Normalschanze war von den Programmplanern gut gewählt, denn der 11. Februar wird in Japan als der Tag der Staatsgründung, die in grauer Vorzeit stattfand, begangen. In Anwesenheit des Kronprinzen sollte es ein doppelter Feiertag werden. Und es herrschte »Kaiserwetter«; auch »Kamikaze«, der »göttliche Wind«, war gut gelaunt. Masahiko Harada, der Weltmeister von 1993 und von 1997, wurde von ihm trotz kurzen Anlaufs auf die Tagesbestweite von 91,5 m getragen, womit der 29jährige vor dem Finnen Jani Soininen führte.

Es war Kazuyoshi Funaki, der auf Platz fünf in Lauerstellung gelegen hatte, der mit einem 90,5-m-Satz zum Angriff blies. Doch die 45 000 Zuschauer und die vielen, die außerhalb des Stadions auf den Hügeln nur noch Plätze als Zaungäste fanden, erstarrten, als bald darauf Soininen, der von der Jury wegen des zu starken Windes noch einmal vom Anlaufbalken zurückbeordert worden war, einen Meter weiter flog, was ihm eine um einen Punkt bessere Gesamtnote einbrachte.

Wieder wollte es das Schicksal, daß nur noch Harada, der als Letzter an der Reihe war, die Chance besaß, die Goldmedaille nach Japan zu holen, und erneut versagte er. Schon nach 84,5 m war die Luftfahrt zu Ende, und es nützte gar nichts, daß Kampfrichter Yukio Kasaya, der 1972 in Sapporo Japans erster Olympiasieger bei Winterspielen geworden war, seinem Landsmann als einziger für die Haltung die Höchstnote 20 verlieh. Der Sieg gehörte Jani Soininen, der in Jyväskylä von demselben Trainer namens Risto Pirttimäki trainiert wird, der einst den viermaligen Olympiasieger Matti Nykänen hervorgebracht hatte. Funaki tröstete sich mit Silber, das 1980 in Lake Placid gemeinsam mit dem Klingenthaler Manfred Deckert auch sein Trainer Hirokazu Yagi gewonnen hatte. Bronze ging an den 21jährigen Österreicher Andreas Widhölzl, dessen Sprünge vergessen ließen, daß Andreas Goldberger, der im Vorfeld mit einer Kokain-Affäre die Schlagzeilen bestimmte, überhaupt am Start war. Nur Haradas ewiges Lächeln gefror zur Grimasse.

»Ich möchte weiter als ein Vogel fliegen und bei Olympia 2002 mit 33 Jahren Teamkapitän der japanischen Mannschaft sein.«

Masahiko Harada, Japan

Vier Tage später dann die Großschanze, und ein Springen, das mit dem ersten nicht zu vergleichen war. Nach dem ersten Durchgang hielt sich von den Japanern nur der Weltmeister von 1995, Takanobu Okabe, als Zweiter hinter Widhölzl im Medaillenbereich auf, während Funaki, der schon keinen guten Probesprung erwischt hatte, und Harada Vierter bzw. Sechster waren. Doch die gaben sich noch nicht geschlagen. »Gambare« – »Gib dein Bestes!« lauteten die Sprechchöre, als Harada anfuhr.

Es war ein Flug, der kaum enden wollte. Erst ganz unten im Radius der Anlage, wo der Aufsprunghügel in die Gerade übergeht, landete Harada breitbeinig, was ihm Abzüge in der Bewertung der Haltung einbrachte. Vorerst allerdings wartete man vergeblich auf das Resultat, so daß Harada sich fragte, ob denn sein Stil so schlecht gewesen wäre, daß man die Noten nicht zeigen könne. Tatsächlich aber war er über den Bereich hinausgesprungen, der von der Videoweitenmessung erfaßt werden konnte, so daß die Jury die Weite – man einigte sich auf 136 m – manuell ermitteln mußte.

Kaum war die Prozedur vorüber, folgte der nächste Paukenschlag: Die Bretter zu einem vorbildlichen »V« gespreizt, segelte Funaki mit der kühnsten Vorlage ins Tal, und mit einem sauberen Telemark beendete er bei 132,5 m diesen traumhaften Sprung, der allen fünf Kampfrichtern die Höchstnote von 20,0 wert war. Das war Gold, und nur noch Soininen war an diesem Tag nervenstark genug, sich mit zwei ausgeglichenen Versuchen zwischen Funaki und Harada zu plazieren.

Schließlich das Finale furioso des Mannschaftsspringens, in dem sich auch die Deutschen, die auf beiden Bakken bisher leer ausgegangen waren, Hoffnungen auf eine Medaille machten. Daß sie kurzzeitig die Hand sogar nach Gold ausstreckten, hing damit zusammen, daß die guten wie die schlechten Sprünge bei allen Spitzen-Teams gleichmäßig verteilt waren. Und wieder bot sich die Parallele zu Lillehammer an, als Harada im Schneetreiben, das ihm die Anlaufspur zuwehte, schon bei mageren 79,5 m aufsetzte. Doch er fand die Kraft, diese Enttäuschung abzuschütteln und im zweiten Durchgang 137 m weit zu fliegen, die vor ihm nur Okabe erreicht hatte. Funaki war es, der den Sack zuband, in dem auch die Deutschen steckten. Doch diese gewannen Silber, wofür sie auf ihre alten Springeranzüge zurückgegriffen hatten, weil sie sich mit den neuen, die zu spät eingetroffen waren, nicht anfreunden konnten. Mit dem gewohnten Material kehrte offensichtlich auch das Selbstvertrauen zurück.

Die Gastgeber feierten ihren erneuten Erfolg ausgiebig. Funaki, der beste Skispringer der Welt, ist nun der Star aller japanischen Teenies, für die er sich sein Haar modisch braun gefärbt hat. Was Harada anging, so lächelte er diesmal nicht nur, sondern er lachte. Doch plötzlich, mitten im Fernseh-Interview, fing er auf einmal an zu schluchzen, was in Weinen überging. »Geschafft, glücklich …«, stammelte er. »Ich wußte, ich schaffe es … geschafft.« Ganz Japan heulte vor Glück mit. □

△ **Nicht Goldberger, Andreas, sondern Widhölzl, Andreas, hebt ab vom Schanzentisch. Österreichs junge Mannschaft gewinnt die Bronzemedaille, und der neue »Leitvogel« des Team erweist sich mit seinen Sprüngen als Bester des Wettbewerbs. Doch eine Extramedaille gab es hierfür nicht.**

CHRONIK DEUTSCHLAND

OLYMPIASIEGER

1960 Helmut Recknagel

1976 Hans-Georg Aschenbach (Normalschanze)

1984 Jens Weißflog (Normalschanze)

1994 Jens Weißflog (Großschanze)
Hansjörg Jäkle/Christof Duffner/Dieter Thoma/Jens Weißflog (Mannschaft)

△ Kazuyoshi Funaki (oben) signalisiert: Besser ging es für mich nicht! Olympiasieger von der Großschanze für Japan, als Zugabe gab es für ihn fünfmal die Haltungsnote 20.

Dieter Thoma (links) braucht die aufmunternden Worte des deutschen Cheftrainers Reinhard Heß, deren beider Träume auch im Schneesturm verwehten.

▷ Masahiko Harada hatte in Lillehammer die Goldmedaille für Japans Equipe verspielt. Seine Freude drückt er deshalb in Nagano ungewöhnlich aus. Gold mit der Zugabe eines neuen Schanzenrekordes von 137 m.

SKISPRINGEN

Zwei Japaner sorgten auf der Großschanze für Extreme. Im Einzelspringen gelang Kazuyoshi Funaki ein 132,5-m-Sprung, dessen Haltung von den Kampfrichtern mit fünfmal 20,0 bewertet wurde, was fast so selten ist wie die Blaue Mauritius. Diese Idealpunktzahl erhielt zum Beispiel 1939 der Norweger Reidar Andersen am Holmenkollen, sein Landsmann Toralf Engan 1963 in Falun, aber eben auch Funaki 1998 als Skiflug-Weltmeister. Da laut Reglement die niedrigste und die höchste Note abgezogen werden, gab es in diesem Fall keine Auswahl. So oder so bekam Funaki auch in Nagano die Traumnote 60, zu der 82,5 Weitenpunkte addiert wurden, was die Gesamtnote von 142,5 zur Folge hatte. Die Weitenpunkte errechneten sich dabei so: Der Kritische Punkt (K-Punkt), gleichzeitig der Tabellenpunkt, entspricht 60. Für jeden Meter mehr oder weniger werden 1,8 Punkte vergeben. Da Funaki 12,5 m hinter dem K-Punkt landete, holte er sich somit zu den 60 Punkten weitere 22,5 (12,5 mal 1,8). Sein Landsmann Masahiko Harada hingegen, der im ersten Durchgang des Teamspringens nur 79,5 m erzielte, wurden von den 60 Weitenpunkten 72,9 abgezogen, womit er auf ein Minus von 12,9 kam. Da die Haltung des Japaners mit je einmal 17,0 und 16,5 sowie dreimal 16,0 bewertet worden war, blieben 48,5 Punkte übrig, die mit den Weitenpunkten verrechnet wurden. Seine Gesamtnote betrug also nur noch 35,6 Punkte.

Ein Freudentanz im Flockentanz: Deutschlands Flugstaffel Hansjörg Jäkle, Martin Schmitt, Sven Hannawald und Dieter Thoma (von links).

SKISPRINGEN

Eine Abfahrt schlossen die Norweger häufig mit einem Sprung über einen Hügel ab, wobei sie in der Hand einen Stock trugen. Auf diese Weise war das Skispringen einst mit dem Skilaufen verbunden. Es blieb zunächst nicht mehr als ein Bestandteil der Nordischen Kombination, doch noch vor dem Ersten Weltkrieg, als man auch die ersten künstlichen Schanzen baute, erfolgte die Trennung vom Lauf. Mit dem Spezialsprunglauf begann das Rechnen. Bis heute werden Stil und Weite bewertet, die eine Gesamtnote ergeben.

Bei den Sprungtechniken unterschieden die Norweger in »optrakke« (angehockt) und »sta-rak« (aufrecht); ab 1905 ist eine Neigung zur Vorlage erkennbar. In den 20er Jahren knickte der Körper in der Hüfte nach vorn ab, während die Arme kreisten. Der Schweizer Ingenieur Dr. Reinhard Straumann erkannte die Bedeutung der Luft als tragender Faktor, womit er die Theorie begründete und den Weg zum Skifliegen eröffnete. Zuletzt war es der Schwede Jan Boklöv, der das Springen in den 80er Jahren um den »V-Stil« bereicherte.

… FIND ICH GUT!

JENS WEISSFLOG

33 Jahre alt, heute Hotelier in Oberwiesenthal. Viermal bei Olympia dabei, dreimal Olympiasieger: 1984 von der Normalschanze im »klassischen Stil«, 1994 von der Großschanze und in der Mannschaft als V-Springer. Zweimal Weltmeister, viermal Gewinner der Vierschanzen-Tournee. In Nagano Co-Kommentator des ZDF.

In der Luft ist keine Zeit zum Genießen

Alles ist relativ. Auch ein Vierteljahrhundert Skispringer-Dasein. Eifrige Statistiker haben errechnet, daß ich in diesen 25 Jahren auf den kleinen und großen Schanzen daheim und in aller Welt um die 20 000mal auf den Sprunglatten talwärts geflogen bin. Zwei Sekunden ist man auf einem Normal-, etwa doppelt so lange auf einem Flug-Bakken in der Luft. Multipliziert man die geschätzte Sprungzahl mit einem Sprungdauermittelwert, kommt man auf rund 16 bis 17 Stunden Höhenaufenthalt. Klingt nicht sehr eindrucksvoll, verglichen zum Beispiel mit der von einem Marathonläufer in Laufe seines Lebens zurückgelegten Strecke. Ich selbst allerdings weiß am besten, wieviel Schweiß, wieviel still verdrückte Tränen und wieviel Flüche zu diesen intensiven, schönen Jahren mit Höhen und Tiefen gehörten. Mit fünf, sechs Jahren habe ich daheim in Pöhla auf selbstgebauten »Schanzen« die ersten Hüpfer getan – sechs, sieben Meter weit. Mit Freunden haben wir unsere eigene Vierschanzen-Tournee gemacht. Einer war Aschenbach, ein anderer Danneberg, Queck, Wolf, Ostwald oder Wosipiwo. In der 1. Klasse kam ich in ein Trainingszentrum und war ein paar Jahre Nordisch-Kombinierter, bis endlich auch mein damaliger Trainer ein Einsehen hatte, weil er erkennen mußte, daß ich mich in der Loipe – wo ich regelmäßig meine guten Sprungergebnisse vermasselte – ohne Aussicht auf Besserung abmühte. Mit 13 wurde ich an der Kinder- und Jugendsportschule das, was ich dann bis 1996 blieb – ein Skispringer mit Leib und Seele. Wobei manchmal der Leib und manchmal auch die Seele litten, aber am Ende alles in allem oft beides zusammen triumphierte und jubelte. Zwölf Jahre war ich alt, als ich bei fünfzig Metern landete, 15, als ich in Oberhof mit 113 Metern erstmals jenseits der hundert ankam. Mit 19 wurden in Planica für mich 178, mit 31 in Bad Mitterndorf am Kulm 201 Meter vermessen. Einen Sprung unter den 20 000 oder mehr gab es, der am Ende vor allen anderen kam. Als mir beim Abschiedsspringen am 15. Juni 1996 auf der Fichtelbergschanze daheim in Oberwiesenthal noch einmal ein Schanzenrekord gelang, da hatte ich ein Gefühl wie nie zuvor: Ich hatte die absolute Kontrolle, wußte, als ich auf die Schanzentischkante zufuhr, genau, was ich tun mußte, wann geschehen sollte, was ich wollte.

Oft bin ich gefragt worden, ob Skispringen nicht ein besonderes Glücksgefühl sei, eine Art Erfüllung des menschlichen Traums vom Fliegen. Vielleicht ist es so. Aber man geht nicht zur Absprungluke mit der Erwartung, das Folgende wie einen Film zu erleben. In der Luft ist keine Zeit zum Genießen, da überwiegen Anspannung und totale Konzentration. Das andere kommt hinterher, wenn sich der Druck gelöst, wenn man mit wenig Anlauf einen weiten Sprung gemacht hat.

ノルディック複合

NORDISCHE KOMB

Auf dem Wege zu seinem ersten Olympia-Gold hatte Bjarte Engen Vik noch geklagt. »Ich bin in der Nacht aufgewacht, im Zimmer auf- und abgegangen und habe mich dann wieder ins Bett gelegt. Je länger das Rennen dauerte, um so schwerer wurden meine Beine. Aber es hat geklappt.« Und es klappte auch im Mannschafts-Wettbewerb. Wieder setzte Engen Vik tolle Sätze ins Tal …

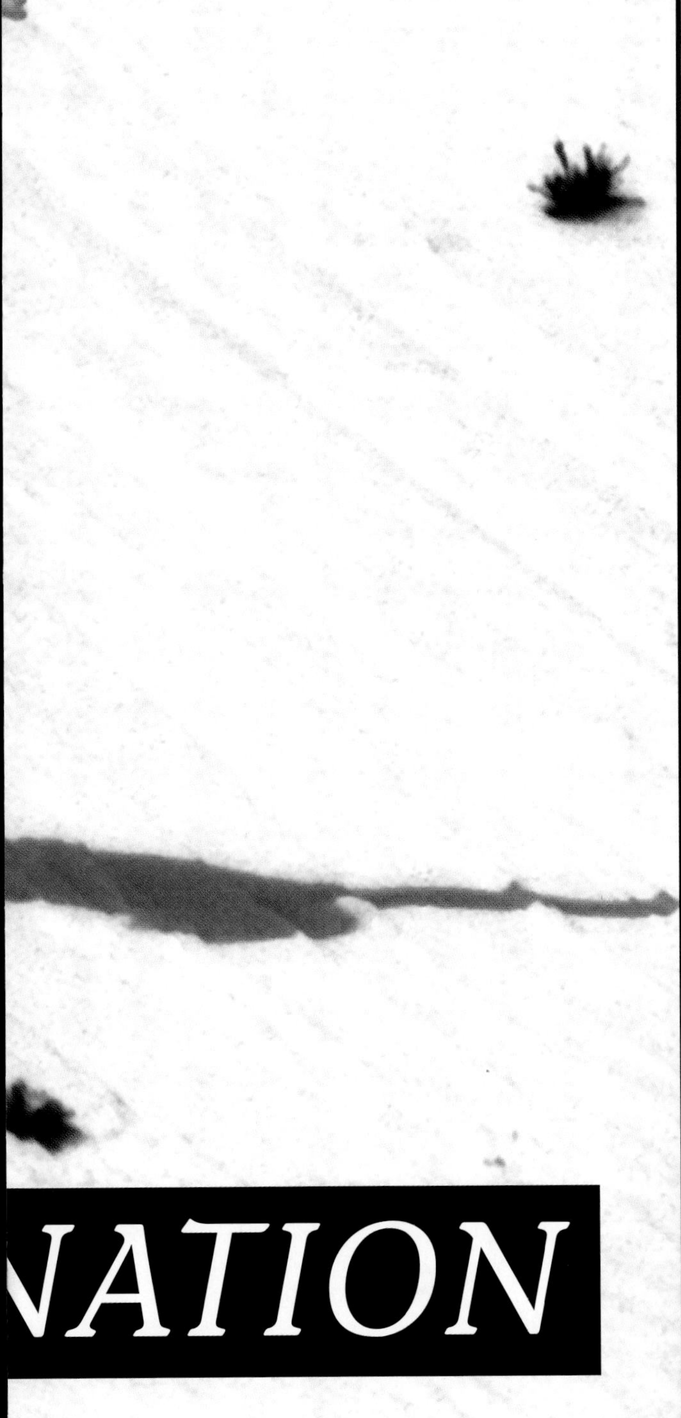

NATION

In Norwegen ist die Nordische Kombination die »Königsdisziplin«. 3,5 Millionen Kronen läßt sich das Ursprungsland die Förderung der Nationalmannschaft kosten. Es gibt nur einen Staat, der dem nicht nachsteht: Japan. »Insofern war Nagano das Beste, was uns passieren konnte«, meinte Ulrich Wehling, der im Internationalen Skiverband FIS als Sportdirektor für die Kombination zuständig ist. Der Oberwiesenthaler hat selbst Geschichte in dieser Disziplin geschrieben: Von 1972 bis 1980 wurde er dreimal hintereinander Olympiasieger.

Es war ein Nordisch-Kombinierer, der mit der Ehre betraut wurde, in Nagano den Olympischen Eid zu sprechen: Kenji Ogiwara. Wo der zweimalige Mannschafts-Olympiasieger und Einzel-Weltmeister von 1993 und 1997, der in Nagano lebt, auch auftritt, verbeugen sich die Japaner vor ihm, und ein Kamerateam verfolgt ihn bis Europa. Das kann Ronny Ackermann, der als Zwölfter bester Deutscher wurde, nur staunend zur Kenntnis nehmen, und um so wohltuender empfindet es der Oberhofer, seine ersten Winterspiele in Japan zu erleben. »Es war ein Traum, vor so einer Kulisse aufzutreten«, meinte er angesichts von 70 000 Menschen, die das Teamspringen verfolgten. Die Ticket-Händler vom Schwarzmarkt am Hauptbahnhof hatten einen großen Tag. Und obwohl Ackermann erst 20 Jahre alt ist, ist er sich beinahe sicher, »daß er so etwas nicht noch einmal erleben wird«.

Allein schon deshalb war es schade, daß die Japaner, die 1992 und 1994 Mannschafts-Gold gewannen, ausgerechnet zu Hause leer ausgingen. Kenji Ogiwara, der in der Einzelwertung Vierter wurde, führte es auf die veränderten Relationen in der Bewertung von Springen und Laufen zurück, was seiner Ansicht nach zu Lasten der sprungstarken Japaner ging. Wehling bestreitet es: »Es ist richtig, daß früher neun Punkte Vorsprung beim Springen eine Minute Abstand beim Lauf bedeuteten; jetzt haben wir sieben Punkte. Doch von dem neuen Modus sind alle Mannschaften betroffen.«

Auch wenn es den Japanern, die in der Weltcup-Saison keine Bäume ausrissen, schwerfällt einzusehen: Die Europäer haben aufgeholt, und mit dem 26jährigen Norweger Bjarte Engen Vik ist ein Kombinierer von außergewöhnlicher Klasse herangewachsen: Er sprang am besten, und er verteidigte seinen Sechs-Punkte-Vorsprung (36 s vor dem Russen Waleri Stoljarow) bis ins Ziel, obwohl er in der Loipe nur der Sechzehnschnellste war. Seit 1992 nahm Engen Vik Anlauf, um den Thron des »Ski-Königs« zu besteigen. 1994 gewann er Olympia-Bronze im Einzel und Silber mit der Mannschaft. Bei den WM von 1995 wurde er Siebter, 1997 Zweiter, im Weltcup führt er überlegen. Nur 1,74 m groß und 62 kg schwer, hat der junge Mann aus Tromsö, nördlich des Polarkreises gelegen, auch sonst schon einiges mitgemacht: Er brach sich das Bein und kugelte sich mehrmals die Schulter aus. Bei einem Osterausflug in die Berge wurde er mit seinem Mannschaftskameraden Kristian Hammer von einer Lawine mitgerissen. Zum Glück blieb er unverletzt, so daß er Hilfe holen konnte, weil sich sein Freund das Knie lädiert hatte. Und dann brannte auch noch das Apartement aus, in dem er mit seiner Freundin Eve in Trondheim wohnte.

»Ich weiß nicht mehr, wie der Funktionär hieß, der die Idee mit der Nordischen Kombination hatte. Ich weiß nur noch, daß er ein gutes Auge für den Sport besaß.«

Takanori Kono, Japan

Als Ulrich Wehling 1972 in Sapporo erstmals Olympiasieger wurde, war er erst 19 Jahre alt und damit der jüngste. Der jüngste Medaillengewinner jedoch ist er nun nicht mehr, seit der 18jährige Finne Samppa Lajunen, der Ende November 1997 in Rovaniemi überraschend die erste Weltcup-Veranstaltung der neuen Saison gewann, in Hakuba Platz zwei hinter Engen Vik einnahm. Auch dahinter kam die Jugend, wie der 20jährige Österreicher Mario Stecher (Platz 8) oder der 19jährige Finne Hannu Manninen (Platz 11). »Diese jungen Leute kommen zumeist über das Springen«, meint Ulrich Wehling, für den es eine Ausnahme ist, daß die Deutschen mit Ronny Ackermann wieder über einen Kombinierer verfügen, dem auch das Laufen liegt.

Wieder waren es Zehntausende, die im Regen in Hakuba ausharrten, um vielleicht doch noch mitzuerleben, wie sich die Japaner in der Mannschaftskonkurrenz auf einen Medaillenrang liefen. Selbst das Kaiser-Paar war gekommen, um die Parade abzunehmen. Doch die Ausgangssituation gab zu wenig Hoffnung Anlaß: Nach dem Springen lag das Nippon-Team, das Fünfter geworden war, 21 s hinter Finnland zurück, und dahinter lauerten die laufstarken Franzosen mit dem Olympiasieger von 1992, Fabrice Guy. Die Japaner, deren Startmann Kenji Ogiwaras Zwillingsbruder Tsugiharu war, liefen in der 4x5-km-Staffel, was die Lungen hergaben. Doch gegen Norwegen und Finnland, die sich frühzeitig absetzten, standen sie auf verlorenem Posten. Das nahm dem Rennen etwas die Spannung. Als Schlußmann lief Fred-Börre Lundberg, der Olympiasieger von 1994, das erste Mannschafts-Gold für Norwegen nach Hause.

Der Kampf um die Bronzemedaille blieb lange offen: Die Japaner, die in Lillehammer allen so überlegen waren, verloren ihn auf dem dritten Streckenabschnitt, als sich Gen Tomii das Rennen falsch einteilte und völlig erschöpft als Sechster den Wechsel erreichte. Kenji Ogirawa hatte zwar dann eine Zeitlang Platz drei inne, doch gegen Fabrice Guy und den Österreicher Felix Gottwald war auch er machtlos.

Und die Deutschen? Sie waren besser, als es ihr sechster Platz aussagt. Die Bronzemedaille war schon nach dem Springen entschwunden; und der Plan, dann wenigstens in der Staffel die Flucht nach vorn anzutreten und das Unmögliche zu versuchen, ging nicht auf, weil der Klingenthaler Matthias Looß zu couragiert anging und sich dabei übernahm. Bundestrainer Hermann Weinbuch, der 1985 der erste Weltmeister war, der nach der Gundersen-Methode ermittelt wurde, hat dennoch gute Arbeit geleistet und ein junges Team geformt, das Ronny Ackermann als »Super-Truppe« bezeichnet. Um allerdings einen neuen Wehling hervorzubringen, müßten sich die schulischen Bedingungen auch an denen des Leistungssports orientieren, wie das u.a. in Finnland der Fall ist, wo es – wie einst in der DDR – ein klassenloses System gibt. □

△ Karl-Heinz Luck war Bronzemedaillengewinner bei den Winterspielen 1972 in Sapporo. Der Thüringer aus Unterschönau ist eines der Leitbilder von Ronny Ackermann, dem deutschen Jugendmeister von 1995. Der Oberhofer belegte bei seinem olympischen Debüt in Nagano einen beachtenswerten zwölften Platz. Wer weiß schon, daß Luck 1968 in Grenoble mit Rang elf seinen Einstand gab? Ronny blickt nun nach Salt Lake City 2002.

CHRONIK DEUTSCHLAND

OLYMPIASIEGER

1960	Georg Thoma
1968	Franz Keller
1972	Ulrich Wehling
1976	Ulrich Wehling
1980	Ulrich Wehling
1988	Hans-Peter Pohl/Hubert Schwarz/Thomas Müller (Mannschaft)

Heja Norge, heja Norge! Das Werk ist vollbracht. Mannschafts-Gold! Norwegens Kombinierer bedanken sich beim fairen internationalen Publikum.

NORDISCHE KOMBINATION

Die Nordische Kombination ist der originäre Ski-Wettkampf. Als sie zum ersten Mal 1879 im Huseby-Garten von Kristiana ausgetragen wurde, erhielt der Sieger den vom Monarchen gestifteten »Königspokal«, der seit 1892 am Holmenkollen vergeben wird. Später wurde die Kombination, die als Krone des Skisports gilt, an zwei Tagen ausgetragen und nach Punkten bewertet. 1924, bei den ersten Olympischen Winterspielen, bestand sie aus einem 18-km-Langlauf und dem Springen. Ab 1950 wurde die Reihenfolge geändert, und seit 1954 wird nur noch über 15 km gelaufen. Um die Kombination zuschauerfreundlicher zu gestalten, führte der Norweger Gunder Gundersen eine neue Startfolge ein, bei der der Sprungsieger am nächsten Tag als Erster in die Spur geht und die anderen entsprechend ihren in Sekunden umgerechneten Rückständen aus dem Springen folgen. Damit entsprach bei den WM 1985 erstmals der Zieleinlauf dem Endstand. Der erste Team-Weltmeister wurde 1982 ermittelt.

... FIND ICH GUT!

ULRICH WEHLING

45 Jahre alt, Manager des Internationalen Skiverbandes FIS für die Nordische Kombination, aus Berlin. Dreimaliger Olympiasieger 1972, 1976 und 1980; Weltmeister 1974, WM-Dritter 1978.

Für Siege muß man sich quälen können

Daß ich in Halle geboren bin, wo das Land sich flach wie ein Bügelbrett präsentiert, und später dennoch das wurde, was die nach einem Superlativ suchenden Medien als »Nordischen Skikönig« bezeichneten, ist einfach erklärt. Mein Vater studierte Jura in der Saalestadt, die Examen standen an – er war sozusagen unabkömmlich, und so zog meine Mutter vorübergehend gen Norden, um dort der Welt mein kräftiges Schreien zu schenken. Daheim in Annaberg, und dann ab 1959 in Oberwiesenthal war indes alles, was mit Wintersport zu tun hatte, im Unterschied zu meinem Geburtsort Normalität.

Als Alpiner habe ich begonnen, von der Pike auf Schwungtechniken, Stemmbogen, Beschleunigen gelernt. Das war mir später als Kombinierter in der Loipe so manches Mal von Nutzen, wenn es galt, eine Abfahrt ein wenig risikovoller oder zeitsparender zu nehmen, als es die Konkurrenz vermochte. Dann entdeckte ich die Schanzen, sprang meinen Altersgenossen – republikweit – meist einige Meter voraus. Der große Langläufer allerdings war ich nicht. Ein ärgerlicher Umstand für jemand, den der Ehrgeiz umtrieb. Dieser Stachel machte mich zum Nordisch-Kombinierten. Versuchs, dachte ich – zu den Spezialisten kannst du ja jederzeit zurückkehren. Es war eine Art seltsame Beziehung zwischen Anziehung und Abstoßung, die mich mit dem Skilauf verband. Dem inneren Schweinehund, der mir manchmal einflüsterte: »Steig' aus!« habe ich nie nachgegeben. Als ich mich entschieden hatte, das Laufen nicht mehr nur als notwendiges Übel, sondern als das Ausschlaggebende, das für mich Wichtigste anzusehen, da war ich so etwas wie ein richtiger Nordisch-Kombinierter geworden. Das Talent zu einem guten Springer hatte ich von Hause aus mitgebracht, die zweite Hälfte – sozusagen die Rückseite der Goldmedaillen – habe ich mir schwer erarbeitet. Langlauf erfordert Willensstärke, und die läßt sich schulen. Ein Großer wird nur, wer sich quälen kann. Dabei hatte zu Beginn meiner Kombinierer-Laufbahn ein Trainer zu meinem Vater gesagt: »Wenn du deinem Jungen was Gutes tun willst, verbiete ihm das Laufen!« Das tat er nicht, wie er mir auch sonst nichts verbot, was mir mein Sport abverlangte. Wenn heute Athleten auf ihre Trainingsumfänge hinweisen und zwischen den Worten durchschimmern lassen, wie leicht wir es doch damals gehabt hätten, muß ich mitunter in mich hineinschmunzeln. An den Schanzen gab es damals keine Lifte, zehn bis zwölf Sprünge pro Trainingseinheit waren aber zu absolvieren. Im Tiefschnee per pedes immer wieder den Berg hinauf – das macht hart. Dennoch hatte ich nie das Gefühl, etwas anderes zu wollen. Tradition und die Herausforderung durch die Gegensätzlichkeit der beiden Disziplinen, das blieb für mich immer das, was ich nirgendwo so wiederfand wie in *meiner* Nordischen Kombination.

SKI ALPIN

アルペンスキー

Auf dem Siegerpodest war nur das höchste Treppchen besetzt. Platz zwei und drei waren leer. Oben standen, ganz eng zusammengedrängt, drei Frauen in gleichen Anzügen. Weiß mit schwarzen Streifen. Standen da und hielten sich an den Händen. Und dann stürmten sie plötzlich los, alle drei in verschiedene Richtungen, und warfen ihre Blumensträuße in die Menge der Zuschauer, die lachten und klatschten. Rannten hinüber zu den unzähligen Pistenarbeitern, drückten ihnen die Hände, ließen sich gemeinsam fotografieren, verbeugten sich vor ihnen nach japanischer Sitte.

Drei Frauen im Glück. Katja Seizinger, Martina Ertl, Hilde Gerg. Gold, Silber, Bronze in der olympischen Kombination. Der Triumph am Mount Karamatsudake war der erste dreifache alpine Olympia-Erfolg für Deutschland. Glückselig alle drei, vereint in der Jubel-Kombination. Und vom Himmel fielen dicke weiße Schneeflocken. Ein Wintermärchen.

Sie hatte beide Arme hochgerissen, als sie über die Ziellinie fuhr, und als sie auf die Anzeigetafel geschaut hatte, einen spitzen Schrei ausgestoßen. Ein Freudenschrei von Katja Seizinger, die in diesem Moment erkannt hatte, was sie und ihre Teamkolleginnen da vollbracht hatten. Ein Schrei von der Frau, der einer aus der Schar der Fotografen vier Jahre zuvor nach ihrem Olympiasieg in der Abfahrt von Lillehammer noch zugeraunzt hatte: »Nun lach' doch mal, blöde Kuh!« Von der Frau, deren Nüchternheit häufig bedauert wird. Und die jetzt dastand und alles andere als nüchtern nach Fassung suchte. »Ein unglaubliches Gefühl. So ein Ergebnis wird so schnell

◁ Eines der besonderen olympischen Bilder könnte dieser Augenblick sein: Drei deutsche Mädchen – Katja Seizinger, Martina Ertl und Hilde Gerg – im Freudentaumel über Gold, Silber und Bronze in der alpinen Kombination. Dazu tanzen Schneeflocken, und Blumen gibt es für die geballte Frauenpower als Zugabe.

nicht wiederkommen. Es ist selbst für uns noch nicht faßbar«, sagte sie.

Goldrausch in Hakuba. »Man kann ja morgens kaum noch aufstehen, ohne die Katja mit einer Medaille zu sehen«, flachste Bernhard Martin, der Bürgermeister von Eberbach, wo Seizinger herkommt. Am Tag davor nämlich hatte die beste deutsche Skirennläuferin schon einmal Gold geholt, in der Abfahrt, und damit ihren Sieg von Lillehammer wiederholt. Zweimal Gold in zwei Tagen, mit drei olympischen Gold-Ehrungen die erfolgreichste deutsche Alpine überhaupt, die große Rosi Mittermaier überflügelt. Und drei Tage später holt sie auch noch Bronze im Riesenslalom, ihre vierte olympische Medaille.

»Ich will den Menschen meine Gefühle mitteilen, damit sie uns verstehen und sich für uns begeistern können.«

Picabo Street, USA

Dazwischen lag ein weiterer Freudenschrei. Diesmal von Hilde Gerg. Und ein weiterer ungläubiger Blick hoch zur Videowand. Und wieder Gold. Diesmal im Slalom, in Shiga Kogen. Und ein weiterer Versuch, die überschwenglichen Gefühle in Worte zu fassen. »Als ich die Zeit sah, dachte ich: Nein, das gibt´s nicht.« Ausgerechnet im Slalom, der Problemdisziplin der vergangenen Jahre. Die letzte Deutsche, der ein Slalomsieg bei Olympia gelungen war, war Rosi Mittermaier, 1976 in Innsbruck.

Schwierig zu verstehen, diese unglaubliche Erfolgsserie der deutschen Skirennläuferinnen bei den Winterspielen in Japan. Noch schwieriger zu erklären. »Jahrhundert-Talent«, nannte Frauen-Cheftrainer Wolfgang Maier die Beste der Besten einmal, und die Tatsache, daß er immer drei für einen Sieg prädestinierte Läuferinnen zugleich betreut, ein ganz besonderes Glück. Für das, was Seizinger, Ertl und Gerg da bei Olympia veranstalteten, fand er nur noch die Worte »Wahnsinn« und »sensationell«. Abwechselnd umarmte er seine »Mädchen«, wie er sie nennt. Und vor Freude standen ihm Tränen in den Augen.

Sechs Medaillen, so etwas hatte es für deutsche Alpine bei Olympia noch nie gegeben. Ebensowenig wie das, was Seizinger, Ertl und Gerg in diesem Jahr im Weltcup vollbringen. Auch da steht diese Reihung für konstante Spitzenleistung. Und so plagten Maier zuletzt in Shiga Kogen doch noch Sorgen. Daß nämlich solcher Erfolg künftig für selbstverständlich genommen werden könnte. Also mühte er sich, verzweifelt seine Lächeln verbergend, redlich um Relativierung. Und sprach viel vom Glück, ohne das dies alles nicht möglich geworden wäre. Die einzige, die von diesem Glück nicht im selben Ausmaß begünstigt wurde wie ihre Kolleginnen, war Martina Ertl. Die drei Weltcup-Riesenslaloms vor den Olympischen Winterspielen hatte sie gewonnen und 1994 in Lillehammer Silber, diesmal reichte es nicht ganz. Vierte wurde sie, wie am Tag zuvor schon im Slalom und in Lillehammer in der Abfahrt. Vierte in der Disziplin, die sie als ihre ureigene betrachtet, ihre Lieblingsdisziplin. Vierte, »eigentlich ein sehr guter Platz, nur bei Olympia zählt er halt nicht«.

Und so flossen in diesen olympischen Tagen voller Glück doch noch ein paar Tränen der Enttäuschung im Lager der deutschen Skirennläuferinnen. Tapfer versuchte Martina Ertl sie zurückzudrängen, tapfer stellte sie sich den Fragen, tapfer sprach sie von »morgen ist wieder alles vorbei«. Die Kraft reichte bis nach der Blumenzeremonie, dann schluchzte Ertl außerhalb des Zielraums heftig an der Schulter von Maier. Wenn das Glück so überreichlich vorhanden ist, aber ausgerechnet nicht in diesen Momenten, darf man schon einmal weinen.

Und die deutsche Männermannschaft? Die bestand gerade mal aus zwei Läufern. Alois Vogl verletzte sich im Training am Ellbogen, so blieb nur noch Markus Eberle. Er schied im Riesenslalom und im Slalom aus. Auch eine olympische Premiere – Winterspiele ohne einen deutschen Läufer im Ziel. In der Abfahrt und für den Super-G war durch das NOk erst gar keiner benannt worden ... Aber das ist eine andere Geschichte. □

Den Berg kannte sie vom vorigen Winter. Damals ist sie mit ihrem Trainer Andreas Rickenbach heruntergefahren. Allein konnte sie das dreieinhalb Monate nach einer Kreuzbandoperation noch nicht. Seit jener ungewöhnlichen Abfahrt auf dem Rücken (»Das war wichtig für mich, denn ich wollte die Aussicht von diesem Berg kennenlernen«) hat sie sich auf die Rückkehr zum Rennsport gefreut, sagt sie. Andere, auch Konkurrentinnen, haben monatelang Widerwillen gegen den Olympiaort kundgetan. »Es ist beruhigend hierherzukommen – es ist ein neutrales Territorium für alle.« Von nun an nicht mehr, denn jetzt ist sie die Herrin des Berges: Picabo Street. Sie gewann den ersten Super-G ihres Lebens.

Originalton Katja Seizinger:
»Daß Geschwindigkeit Männersache sein soll, ist ein Vorurteil. Es kommt natürlich darauf an, wie man aufwächst. Wenn man in seiner Kindheit total behütet wird – so nach dem Motto: Mach' das nicht! Paß' dort auf! Das ist nichts für kleine Mädchen! – dann wird man automatisch zurückhaltender. Wenn einem allerdings die Eltern die Freiheit lassen, dies und jenes auszuprobieren, und man sich dabei auch mal die Nase anschlägt, dann entwickelt man sich anders: Man wird auch als Frau offen für Geschwindigkeit und Risiko.«

In Nagano gewann Katja Seizinger nach 1994 ein zweites Mal den Abfahrtslauf. Das hatte vor ihr noch keine geschafft.

] Christl Cranz: Publikumsliebling
936 in Garmisch-Patenkirchen (links).

osi Mittermaier (5): flotter Medaillen-
reier 1976 in Innsbruck (rechts).

CHRONIK DEUTSCHLAND

OLYMPIASIEGER

1936 Franz Pfnür (Kombination)
Christl Cranz (Kombination)

1956 Ossi Reichert (Riesenslalom)

1960 Heidi Biebl (Abfahrt)

1976 Rosi Mittermaier (Abfahrt/Slalom)

1988 Marina Kiehl (Abfahrt)

1994 Markus Wasmeier (Super-G/Riesenslalom)
Katja Seizinger (Abfahrt)

1998 Katja Seizinger (Abfahrt)
Katja Seizinger (Kombination)
Hilde Gerg (Slalom)

2

Wohl bei keiner Sportart, in der Bruchteile von Sekunden über Erfolg und Mißerfolg von vier Jahren harter Arbeit und Entbehrung entscheiden, ist der Abstand zwischen unbändiger Freude und bodenlosem Schmerz so klein wie im alpinen Skisport. Diese Damen können sich aber alle freuen: Deborah Compagnoni (Italien/1), Pernilla Wiberg (Schweden/2), Alexandra Meißnitzer (Österreich/3), Zali Steggall (Australien/4), Hilde Gerg (5) und Katja Seizinger mit der Hilde (Deutschland/6).

DIE »CAMPIONESSA«

Die »Campionessa« hält Hof. Das macht sie mit einer Mischung aus langjähriger Routine und geschicktem Charme. Deborah Compagnoni sitzt auf dem Podium vor der internationalen Presse, ganz allein und ganz am Rand. Erzählt von ihrer Goldmedaille, ihrem Sieg im Riesenslalom mit fast zwei Sekunden Vorsprung vor der Österreicherin Alexandra Meißnitzer, dem größten seit 30 Jahren. Compagnoni setzt Maßstäbe in ihrem Sport; sie ist nun dreimalige Olympiasiegerin, die derzeit beste Riesenslalomfahrerin und eine der glänzendsten im Slalom. Tags zuvor hat die Italienerin darin Silber gewonnen, hinter der Deutschen Hilde Gerg. Es war ihre vierte olympische Medaille, damit gehört sie gemeinsam mit der Schweizerin Vreni Schneider und Katja Seizinger zu den »Gekrönten« im alpinen Skisport.

Die Compagnoni ist ein Star in ihrer Heimat. »La Tomba« nennen sie sie, weibliche Ausgabe des Lieblings Alberto Tomba, der die hohen Erwartungen diesmal nicht erfüllte. Die 27jährige dreimalige Weltmeisterin schaffte das immer. Wie auch den Spagat zwischen Stargehabe und Freundlichkeit. Vor der Presse schlägt sie schüchtern die Augen nieder, erzählt langsam und stockend, aber zugleich sehr ausführlich und sehr bewußt. Die vergangenen fünf, sechs Jahre an der Spitze haben die Hotelierstochter von einer ehrgeizigen Sportlerin in eine öffentliche Person verwandelt. Die zu zünftigen Feierstunden nach einem Sieg schon mal im figurbetonenden kleinen Schwarzen erscheint. Früher war sie eine Siegerin, heute ist sie eben eine wirkliche Campionessa.

1

3

4

NAGANO 1998
5
FILA

5
NAGANO
2

6
racing

Hakuba, Mount Karamatsudake, 13. Februar: Zahl des Tages 43 – 28 = 15 43 Abfahrer gingen an den Start, 28 kamen ins Ziel, 15 nicht. Am schlimmsten erwischte es den Italiener Luca Cattaneo mit Achillessehnenriß und Wadenbeinbruch, der per Hubschrauber ins Krankenhaus geflogen werden mußte.

Nach rund 22 Sekunden Fahrzeit wird Hermann Maier, der einmal mehr mit 110 Prozent Einsatz unterwegs ist, in der S-Kurve aus der Bahn getragen. Wie durch ein Wunder übersteht der Österreicher diesen Sturz, der lediglich von TV-Kameras erfaßt wurde (Bildfolge rechts).

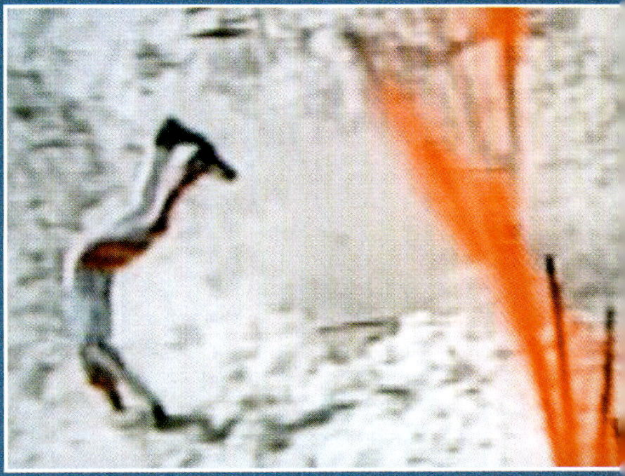

»Es war ein weiter Flug.
Ich habe noch versucht,
ein paar Meter zu machen.«

Österreichs Abfahrer Hermann Maier

Als er nach einer rasanten Fahrt am Mount Karamatsudake im Zielraum abschwang, schnaufte er erst einmal kräftig durch und sprach: »Das war nicht gut, aber für Olympia reicht´s.« Drei Tage später kam er im Zielraum am Mount Yakebitai nach dem ersten Durchgang zum Stehen, riß die Ski hoch und sagte: »So schlecht bin ich in der gesamten Saison noch nicht gefahren.«

Gestatten: Maier, Hermann, Olympiasieger im Super-G und Riesenslalom. Ehemaliger Skilehrer, gelernter Maurer und nun praktizierendes Phänomen. Held der Skination Österreich, spätestens seit Nagano wird sich der große Franz Klammer die unvergängliche Popularität eines Skigottes teilen müssen.

»Ich glaube, der Skisport hat durch mich in der ganzen Welt enormen Auftrieb erhalten. Ich habe mehr erreicht, als ich als Kind zu träumen wagte.«

Alberto Tomba, Italien

Das Absonderliche an den Sätzen, die er nach seinen olympischen Schußfahrten in den Ruhm von sich ließ, ist, daß sie der Wahrheit entsprechen. Aber der Maier Hermann, den sie zu Hause längst mit vieldeutigen Vergleichen wie »Monster«, »E.T., der Außerirdische« oder »Herminator« schmücken, muß nicht seine beste Leistung bringen, um zu gewinnen. Mit diesem brachialen Stil, mit dieser Art, die Tore so direkt anzufahren wie kein anderer (den anderen fehlt die Kraft, dann die Linie zu halten), ist der 25jährige aus Flachau der Konkurrenz weit voraus. Und das Schlimme: Diesen Menschen scheint nichts zu belasten, kein Erwartungsdruck – schließlich tönten sie in Österreich vor Olympia schon von Goldmedaillen –, keine Fehler. Wie der aus dem Kombinationsslalom gleich zu Beginn der Winterspiele, der ihn auf Platz acht zurückwarf, aber andere Medaillenanwärter vielleicht aus der Bahn geworfen hätte.

Den Maier nicht. Das schaffte schließlich nicht einmal der brutale Sturz, den er im Abfahrtslauf baute. Mit runden 100 Stundenkilometern hob es ihn am siebten Tor aus, und der Favorit wurde in die Fangzäune geschleudert. Alle Welt hielt den Atem an, aber Maier rollte sich auf die Knie, schüttelte sich kurz wie ein nasser Hund und stand wieder auf. »Es sollten ja noch andere kommen, da hatte ich keine Zeit, nach meinem Körper zu sehen.«

Am Abend sprach er von der schönen Aussicht aus der Vogelperspektive und daß er gerne noch länger geflogen wäre. Von seinen Knieproblemen, den Prellungen und blauen Flecken am ganzen Körper und den Kopfschmerzen sprach er nicht. Drei Tage und viele Behandlungsstunden später ging er hin, holte sich seine erste Goldmedaille und stürzte sein Land erstmals in Euphorie. Die dann nach dem zweiten Gold fast in Hysterie umschlug. Bei seiner Laudatio am Abend des Sieges im Riesenslalom traten dem österreichischen Mitglied des Internationalen Olympischen Komitees (IOC) Tränen in die Augen. Leo Wallner ist sonst nicht gerade ein gefühlsbetonter Typ.

Nicht, daß Maier das mal so gerade im Vorübergehen getan hätte. »Es war hart nach diesem Crash. Ich hatte mental ein Problem damit, agressiv zu sein«, sagte er nach dem Super-G und eilte davon, um sich sein dickes Knie punktieren zu lassen. Und nach dem Erfolg im Riesenslalom war er nach dem ersten Jubel so leer und ausgepumpt, daß er vor der internationalen Presse kaum noch ein englisches Wort herausbrachte. Sogar das Wort, das für ihn selbst steht, fiel ihm nicht mehr ein. »Was heißt noch mal Kraft?« fragte er die Dolmetscherin. Er hatte seine Power komplett verbraucht.

Hermann Maier, soviel ist klar, kürte sich spätestens bei diesen Olympischen Winterspielen zum legitimen Nachfolger von Alberto Tomba aus Italien. Er übernahm nicht nur dessen Titel im Riesenslalom (Tomba gewann 1992 in Albertville), sondern auch dessen Rolle als internationaler Star des Skisports – rechtzeitig zu Tombas Abschied. Der Italiener schied im Riesenslalom im ersten Durchgang aus, im Slalom trat er im zweiten gar nicht mehr an. Und so wie früher auf Tomba, stürzten sich die internationalen Medienvertreter nun auf Maier, vor allem die amerikanischen. Schließlich entspricht der mit seiner urtümlichen Kraft, den blonden Haaren und blauen Augen und seiner kurzangebundenen Art genau dem Klischee des gewaltigen Naturmenschen. Der US-amerikanische Abfahrts-Olympiasieger von Lillehammer 1994, Tommy Moe, sprach von Maier ungerechtfertigt als von diesem »Barbar aus den österreichischen Wäldern«.

Barbarisch aber war es nicht, wenngleich jedoch gewaltig, der unaufhaltsame Aufstieg des Hermann M. Innerhalb eines Jahres katapultierte er sich vom unbekannten Maurer aus Flachau zum weltbekannten Millionär. Was stark an die Geschichte des Tellerwäschers erinnert und so vielleicht die Faszination erklärt, die er bei den Nordamerikanern auslöst. Mit 16 Jahren noch war der kraftstrotzende Mann so schmächtig, seine Knie so zerbrechlich, daß er aus der Skihandelsschule Schladming und damit dem Fördersystem des Österreichischen Ski-Verbands (ÖSV) flog. Mit selbstgekauften Ski und ungebeugtem Willen kämpfte er sich durch FIS-Rennen und Rückschläge, bis er schließlich im Januar 1996 als Vorläufer des Weltcup-Riesenslaloms in seiner Heimatstadt Flachau so schnell fuhr, daß er mit seiner Zeit im offiziellen Rennen Zwölfter geworden wäre. Da konnten die ÖSV-Funktionäre nicht mehr an ihm vorbei. Nur zwölf Monate später, vor gerade mal einem Jahr, gewann er in Garmisch-Partenkirchen sein erstes Weltcup-Rennen, in dieser Saison dominiert er den Wettbewerb wie keiner vor ihm. Der Konkurrenz bleibt nur noch Kopfschütteln.

Wie sagte doch die derzeit weltbeste Skirennläuferin Katja Seizinger, auf die Vorstellungen ihres Kollegen angesprochen, lachend? »Zu Hermann Maier fällt mir nichts mehr ein.« □

△ Das neue Outfit des 31jährigen aus dem emilianischen Castel de' Britti nahe Bologna. Mit aller Gründlichkeit hatte sich im chilenischen Valle Nevado »Alberto nazionale« auf seine vierten Olympischen Winterspiele vorbereitet und wollte seinen drei goldenen und zwei silbernen Medaillen noch eine sechste hinzufügen. Doch es gab für Alberto Tomba kein Happy-End. Wegen einer Oberschenkelzerrung und Schmerzen im Rücken und an der Schulter konnte er im Slalom nicht mehr sein wahres Leistungsvermögen entfalten, nachdem er im Riesenslalom schwer gestürzt war. Servus, Alberto!

Mensch Maier!
»Es hülft nix, i muaß jetzt Schi fahren!«
(Originalton Hermann Maier)

ALPINER SKISPORT

Seine Wurzeln hat der alpine Skisport in Norwegen, aber den ersten Skiläufern mangelte es an einer geeigneten Bindung. Der Österreicher Mathias Zdarsky, ein Offizier und Kunstmaler aus Marktl bei Lilienfeld, erfand um die Jahrhundertwende eine Bindung, die schnelle Richtungsänderungen zuließ und entwickelte die Fahrtechnik der Norweger dahingehend weiter, daß auch steile Berge befahren werden konnten.

Das Verdienst, die Alpinen hoffähig gemacht zu haben, gebührt Sir Arnold Lunn, der am 21. Januar 1922 im Schweizer Mürren einen »Torlauf« organisierte, der als Geburtsstunde des alpinen Rennsports gilt. Der Brite setzte 1928 auch die Anerkennung beim Internationalen Skiverband, 1931 die ersten WM und 1936 die olympische Premiere durch. Olympiamedaillen wurden anfangs nur in der Kombination (Abfahrt/Slalom) vergeben. 1952 kam zu diesen nunmehr eigenständigen Disziplinen der Riesenslalom als dritte hinzu. 1988 folgten der Super-G und die Wiedereinführung der Kombination.

MEMORY

… FIND ICH GUT!

TONI SAILER

62 Jahre alt, österreichisches Ski-Idol aus Kitzbühel. Gewann 1956 in Cortina d'Ampezzo als erster Alpiner alle drei olympischen Goldmedaillen – Abfahrt, Riesenslalom, Slalom. Im Juni 1959 beendete Sailer nach Diskussionen um seinen Amateurstatus seine Athleten-Laufbahn. Heute Betreiber einer Pension und Leiter einer Kinder-Skischule.

Mit zehn wollte ich Olympiasieger werden

Zehn Tage vor meinem zweiten Geburtstag habe ich meine ersten Ski bekommen. Hinterm Haus am Hahnenkamm habe ich – gerade mal auf zwei Beinen standfest – ausprobiert, wie man mit zwei Brettern unter den Füßen noch viel schneller vorwärtskam. Mit zehn bin ich mein erstes Rennen gefahren, und schon damals stand für mich fest: Ich wollte irgendwann einmal Olympiasieger werden! Später wurde viel über mein außergewöhnliches Talent und meinen revolutionären Fahrstil geredet. Sicher war vieles Veranlagung, anderes mußte ich mir erarbeiten. Körperlich, geistig, konditionell die richtigen Schlüsse ziehen und diese auf der Piste umsetzen können – das macht die Sieger unter den alpinen Rennfahrern aus. Am Ende bleibt aber das Wichtigste, daß man die Ski beherrscht und einen klaren Kopf behält. Und noch eines ist darüber zu setzen: Das, was man tut, muß Spaß machen.

Natürlich gibt es heute im Sport eine Menge Geld zu verdienen, doch wer daran denkt, wenn er sich oben im Starthaus auf den Hang stürzt, der wird unten im Ziel nicht als Erster ankommen. Geschäft hin oder her, am Ende sind's der ganz ordinäre Ehrgeiz und der Willen, besser zu sein als der Kontrahent, die entscheiden. Gottseidank ist in dieser Beziehung auch im Spitzensport etwas fast Kindlich-Spielerisches übriggeblieben. Boris Becker wäre nie die Persönlichkeit geworden, die er ist, hätte er gedanklich nur die Scheine gezählt. Daß damals vor vierzig Jahren an meinem Beispiel über den Amateurstatus gestritten wurde, hatte mit dem Sport wenig zu tun. Die Debatte war verlogen, weil sie im Grunde die Reichen privilegierte, die nicht nebenbei Geld verdienen mußten, sondern sich allein aufs Skifahren konzentrieren konnten. So wurde halt unterm Tisch oder in der Hinterkammer bezahlt. Das ist vorbei – aber auch in Zeiten des erlaubten Geldverdienens im großen Maßstab geht ohne Liebe gar nichts.

Für mich ist der Skisport eine Love-Story geworden, deren Ende ich mir nicht vorstellen kann. Was die einzigartige Faszination ausmacht, ist so einfach zu erleben und zu erfühlen, wie es schwer zu beschreiben ist. Es sind die Schwünge, die Beschleunigung. Die Berge, die Bäume, der Schnee, die Wolken, der Nebel, die Kontrolle über den eigenen Körper. Das rechts, links, hoch, tief. Alles einzeln und alles zusammen. Noch mit 82 Jahren stand mein Vater auf Ski. Es sei viel leichter und schöner, als zu Fuß zu gehen, sagte er – eine umwerfend einfache Begründung für etwas, das man nicht lassen kann. Man kann viele Worte über die besondere Faszination meines Sports verlieren, aber am besten tut man das, was meine Mutter mir einmal sagte, als ich die ganze Sache hinschmeißen wollte: »Jetzt fahrst!«

フリースタイルスキー

Nicht das Kreuz des Südens, sondern ei
Kreuz des Olympiasiegers Jonny Mosele
aus den USA auf der Buckelpiste.

FREESTYLE

Das Ganze wirkte ein wenig so, als hätte da jemand das Wort »Qualifikation« falsch interpretiert. Ein Ausleseverfahren, sicher, aber ein sportliches sollte es doch sein. Die Qualifikation der Freestyle-Springer in Iizuna Kogen verlief eher nach dem Motto: Nur die Harten kommen durch. Soll heißen: Die sich nicht so verletzen, daß sie danach nicht mehr können.

Reihenweise Unfälle. Erschreckend viele mißglückte Landungsversuche. Die Verletzungsliste so manchen Freestyle-Springers liest sich wie das Wochenpensum einer mittelgroßen Arztpraxis. Und weil dieses Risiko in einer Sportart immanent ist, bei der Landungen aus einer Höhe von rund 15 Metern Voraussetzungen für einen erfolgreichen Sprung sind, gelten die Sportler, die diese Sportart betreiben, weiterhin als Außenseiter und Kamikazes im olympischen Betrieb.

»Da haben die Alpinen gesehen, daß wir ebenfalls in der Früh aufstehen und trainieren, genauso lang in den Bergen sind und auch lange Ski und keine Rutscherl haben.«

Tatjana Mittermayer, Deutschland

Die Australierin Jacqui Cooper stürzte im zweiten Qualifikationssprung schwer. Der Kanadier David Belhumeur kugelte sich die Schulter aus, der US-Amerikaner Mariano Ferrario riß sich alle Bänder im rechten Knie. Nicht, daß es im Finale besser gegangen wäre. Als der erste Vorspringer gerade auf dem Sanitätsschlitten abtransportiert wurde, landete der nächste auf dem Kopf.

Künstlerpech, so scheinen es die Springer zu sehen. Die Chinesin Xiaoou Ji hatte zwar die Qualifikation überstanden, das obligatorische Einspringen vor dem Finale überstand sie nicht. Sie zog sich eine Knieverletzung zu, zur Entscheidung aber humpelte sie in den Zielraum. Auch den Olympiasieger hätte es um ein Haar erwischt. Eric Bergoust (USA) stürzte beim Einspringen »so schwer wie schon seit Jahren nicht mehr«, wie er hinterher grinsend erzählte. Ein paar schmerzhaft tiefe Luftzüge, schon ging es weiter. Mit Rippenprellung zur Weltrekordbewertung von 255,64 Punkten.

Auf dem Siegerpodest rieb sich Nikki Stone (USA) ihr verschorftes Kinn. Die Olympiasiegerin hätte bei den Winterspielen gar nicht an den Start gehen dürfen, wäre es nach den neun Ärzten gegangen, die sie vor zwei Jahren der Reihe nach aufsuchte. Alle stellten die gleiche Diagnose: Für den lädierten Rücken sind die harten Landungen Gift. Die Weltmeisterin von 1995 machte trotzdem weiter – »wenn ich aufgeben wollte, habe ich Gold, Gold, Gold gedacht«. Und der Silbermedaillengewinner Sebastien Foucras feierte den »Geburtstag« seines Knies seit einer schweren Operation vor einem Jahr.

Hasardeure allesamt, Zielscheiben der Kritiker. Die meisten Skiakrobaten aber sind ehemalige Turner oder Wasserspringer, verfügen also über die nötige Kontrolle über Salti, Schrauben und Drehungen. Ihr Training halten sie auf Wasserschanzen ab. Der Schweizer Mannschaftsarzt Urs Güntensperger schätzt das Risiko nicht höher ein als beispielsweise im alpinen Skisport. Die Springer akzeptieren lediglich mögliche Verletzungen wie die Noten der Preisrichter.

Ihre Passion, die sich in überhöhter Risikobereitschaft äußert, hat jedoch auch ihre dunklen Seiten. Die gehen dann in Richtung Gesundheitsgefährdung. Die Szene beäugt die Entwicklung der chinesischen Springerinnen daher mit Skepsis. Vor vier Jahren in Lillehammer war noch keine einzige am Start, diesmal schafften es drei ins Finale, Nannan Xu holte die Silbermedaille. »Die Chinesinnen trainieren sich kaputt. Die Trainer schicken sie über die Schanze, auch wenn sie eben erst gestürzt oder völlig übermüdet sind«, sagt die Schweizerin Michele Rohrbach, Elfte im Finale. Die neue Konkurrenz aber schafft eine auffällige Leistungssteigerung bei den Frauen, sagt der Sieger von Lillehammer, Andreas Schönbächler (Schweiz): »Das war sicher die letzte Olympiade, bei der zweifache Schrauben möglich waren.« Ein hartes Ausleseverfahren eben. □

Am Mount Iizuna Kogen tanzte der Trickski-Troß zu Tale und Tatjana Mittermayer mit »gespreiztem Adler« zu Olympia-Silber.

FREESTYLE

Ski-Akrobatik kennt man seit Anfang des 20. Jahrhunderts, zum ernsthaften Sport wurde sie aber erst in den 60ern, als der Schweizer Skilehrer »Art« Furrer die Grundlagen für das Ski-Ballett erarbeitete. Schnell fand die neue Mode Nachahmer insbesondere in den Wintersportzentren der USA, wo dieser Sport als »Hot-Dog-Skiing« bezeichnet wurde. Sein bekanntester Protagonist war Norwegens Riesenslalom-Olympiasieger von 1952, Stein Eriksen, der bei den von General Motors oder Camel gesponsorten Veranstaltungen vor oft 10 000 Zuschauern waghalsige Sprünge und Figuren zeigte. Bald wurde Freestyle bzw. Trickski mit den Disziplinen Ballett, Buckelpiste und Springen auch in Europa populär. 1979 erkannte der Internationale Ski-Verband die Freestyler an. Weltmeistertitel werden seit 1986 vergeben. Nachdem Freestyle 1988 in Calgary Demonstrationssport gewesen war, gelangte es 1992 mit dem Buckelpistenfahren ins olympische Programm. 1994 kam das Springen dazu.

TATJANA MITTERMAYER

FIND ICH GUT! ...

33 Jahre alt, Marketingassistentin aus Aschau; nach mehreren Knieoperationen vom alpinen Skilauf zum Freestyle (Buckelpiste) gewechselt. Viermal bei Olympia – 1988 Siegerin im Demo-Wettbewerb. 1997 Gewinnerin des Gesamt-Weltcups. In Nagano Silber auf der Buckelpiste.

Wer weich durch die Buckel fährt, zu dem sind auch die Buckel weich

Zuerst war es gewöhnungsbedürftig. Und irgendwie hatte ich, nachdem ich wegen meiner Knieprobleme nicht mehr im alpinen Abfahrts-Nationalkader dabeisein konnte und durfte, eine Weltuntergangsstimmung, die kein *Danach* mehr zulassen wollte. Zufällig lernte ich im Kaunertal Österreichs Buckelpisten-Team kennen, und damit einen Sport, der mich auf seltsame Weise anzog. Etwas voreingenommen durch Gerüchte, das Freestyler eine wilde Horde seien und die Disziplin auf den um die zwei Meter langen Brettern ein hohes Gesundheitsrisiko berge – wie sollten meine Knie das ertragen? –, habe ich meine ersten Versuche unternommen. Mit meiner guten skifahrerischen Ausbildung habe ich auf der Buckelpiste schnell Fuß gefaßt und einen Spaß an der Herausforderung im Schnee empfunden, wie ich ihn bis dahin nicht gekannt hatte. Etwas mehr Probleme hatte ich anfangs mit den Sprüngen, bei denen das Gegenteil von dem verlangt war, was ich von klein auf gelernt hatte. Inzwischen ist Buckelfahren für mich das Nonplusultra des Skilaufens. Als guter Buckelfahrer kommt man immer durch die Stangen hindurch. Ob ein Stangenfahrer auch gut in den Buckeln zurechtkommt, scheint zumindest fraglich. Hinzu kommt, daß wir im Vergleich zu den Alpinen mehr Fun in unserem Sport haben. Wahrscheinlich, weil einfach nicht so viel Geld im Spiel ist. Auf der Buckelpiste ist man etwas anderes als der ›Normalo‹ auf all den perfekt präparierten Hängen. Man fährt auf naturbelassenen Strecken, auf denen keine Pistenraupen nötig sind, die die Umwelt manipulieren. Die Faszination liegt in der Dynamik der Bewegung und darin, daß jede Buckelpiste eine neue Herausforderung ist. An der absoluten Perfektion kann man ewig arbeiten – das macht die Geschichte immer wieder spannend. Es ist ein traumhaft schönes Gefühl, sich – egal, wie steil eine Piste ist – den direktesten Weg ins Tal zu suchen und alles in einer lockeren, spielerischen Fahrt zu bewältigen. Zeit, Sprünge, Technik – nur, wer alles beherrscht, kann am Ende auf dem Treppchen oben stehen.

Meine Vorurteile als Freestyle-Anfängerin bin ich ganz schnell losgeworden – und wer sich auch für diese wunderbare Kombination von Athletik, Ästhetik und Geschwindigkeit interessiert, dessen Bedenken kann ich heute aus eigener Erfahrung zerstreuen. Eine von Ärzten über Jahre geführte Statistik belegt, daß im Freestyle auffallend weniger Unfälle passieren als in den alpinen Disziplinen. Am Ende ist es vor allem eine Frage der Technik: Wer sich beim Fahren nicht bewegt und dadurch sehr hart in die Buckel schlägt, bekommt die Schläge von den Buckeln zurück. Wer aber aktiv ist, in den Beinen viel beugt und streckt, weich durch die Buckel fährt, zu dem sind auch die Buckel weich.

スノーボード

SNOWBOARD

Die Premiere war noch nicht einmal einen Tag alt, schon war sie mißlungen. Ein Funktionär des Österreichischen Ski-Verbandes wollte bei der Eröffnungsfeier der Winterspiele in Nagano einen langhaarigen blonden Sportler im einmarschierenden Team ausgemacht haben, der den japanischen Zuschauern den Stinkefinger zeigte. Ganz klar: Das mußte ein Snowboarder gewesen sein.

Die Premiere war noch nicht einmal eine Woche alt, da hatte sie bereits zwei weitere deftige Aufreger produziert. Der Olympiasieger im Riesenslalom, Ross Rebagliati aus Kanada, war für 24 Stunden der erste Wintersportler, dem eine Goldmedaille abgenommen wurde. In seinem Blut war eine unzulässige Menge Marihuana festgestellt worden. Das Internationale Olympische Komitee (IOC) disqualifizierte ihn daraufhin, der Internationale Sport-Gerichtshof (CAS) hob die Sperre wieder auf. Wegen »fehlender rechtlicher Grundlagen« in den IOC-Statuten.

»Wenn ich könnte, würde ich die Silbermedaille für den Frieden in der Welt einsetzen. Damit keiner mehr einen Krieg anfängt.«

Heidi Renoth, Deutschland

Dafür nahmen sie dem Österreicher Martin Freinademetz, einem der Pioniere der Snowboard-Szene, seine Akkreditierung ab. Auf Antrag der österreichischen Teamleitung, die sich schämte. Der exzentrische Freinademetz, einer der Stars in der Halfpipe, der gerne auch mal mit einem Gorillakostüm antritt, hatte am Abend zuvor zuviel gefeiert. Dabei war ein Bierkrug in einem Computer gelandet und diverse Möbelstücke zu Bruch gegangen.

Es war eine Premiere mit Hindernissen. Sie brauchten eine Weile, um sich aneinander zu gewöhnen, die Herren des IOC und die Freaks des Vorzeige-Trendsports. Geködert für Olympia, um die jungen Zuschauer zu ködern. Snowboard gilt als Wintersport der Zukunft. Eine US-amerikanische Studie besagt, daß in weniger als 15 Jahren mehr Snowboarder als Skifahrer die Hänge bevölkern. So nämlich dürfte die Aufnahme ins Olympische Programm motiviert gewesen sein. Curling zum Beispiel war viermal Demonstrationssportart, bis es der Sport in Nagano endlich zum offiziellen Teilnehmer der Spiele schaffte. Snowboard nie.

Die Klischees jedenfalls wurden in Japan kräftig bemüht. Beiderseits. Stinkefinger, Kiffer, Randalierer auf der einen Seite, Funktionärsdenken, Zwang und Kommerz auf der anderen. Die deutsche Olympiasiegerin in der Halfpipe, Nicola Thost, empfand das Ereignis als »sehr organisiert«. Gian-Franco Kasper, der Generalsekretär des Internationalen Ski-Verbandes FIS unter dessen Federführung die Snowboarder starteten, sagte, diese verspielten eine große Chance. Die Wahrheit liegt wie meist dazwischen: Der blonde, langmähnige Boarder aus der Eröffnungsfeier entpuppte sich hinterher als einer, der beim Einmarsch ins Minami-Stadion die Hand geballt hatte. Eine Geste der Freude, nicht der Provokation.

Vielleicht war einfach die Bereitschaft zu groß, sich provoziert zu fühlen. Vielleicht waren beide Seiten noch nicht reif füreinander. Die einen nur zu gerne pikiert. Die anderen hin- und hergerissen zwischen dem Verlangen, sportlich anerkannt zu werden und dem Wunsch, Lifestyle-Sportart ohne Wettkampfstreß zu bleiben. Ein Riß, der sich ebenso durch die Snowboard-Szene selbst als auch durch die konkurrierenden Verbände zieht: Hier die freakigen Künstler in der Halfpipe, dort die ehrgeizigen Riesenslalom-Fahrer. Hier die Internationale Snowboard-Föderation ISF, die die World-Pro-Tour organisiert, dort der alt-ehrwürdige Internationale Ski-Verband FIS.

Und mittendrin die Sportler. Kein Wunder, daß sie nicht wußten, wie sie sich verhalten sollten. □

◁ High oder nicht high? Der Kanadier Ross Rebagliati brachte nicht nur Fun auf das olympische Siegerpodest, sondern sein positiver Marihuana-Test auch die Herrn der Ringe in die Negativschlagzeilen.

△ Guillaume Chastagnol, Frankreich, Platz 5 (oben); Gian Simmen, Schweiz, Olympiasieger

Die Tageszeitung »The Japan Times« hatte wohl nicht nur scherzhaft vor den »Jungen Wilden« im Skizirkus gewarnt: »Verriegelt die Türen, die Snowboarder sind in der Stadt!« Das hielt trotzdem mehr als 30 000 Fans nicht ab, an der Halfpipe ihren Idolen zu huldigen.

▷ Nicola Thost, Deutschland, Olympiasiegerin

NICOLA THOST

Sie ist die erste. Die erste Snowboard-Olympiasiegerin in der Halfpipe überhaupt. Das wird künftig häufig hinter dem Namen von Nicola Thost aus Pforzheim auftauchen. Ob ihr das wichtig erscheint, ist eine zweite Frage.

Der Sport verwirklicht für die 20 Jahre junge Frau ihre Lebenseinstellung. Soll heißen: unabhängig sein, sich nicht in Zwänge stecken lassen. Was nicht bedeutet, daß die Weltranglistenerste in der Halfpipe nicht gewinnen will. Schon ein Trainingsprogramm aber kann eine Pflicht darstellen. Dann lieber frei fahren, reisen, Fotoaufnahmen, Videos drehen. Das Leben eines Snowboard-Profis bringt Abwechslung. »Wettkampf ist nur ein Teil davon«, sagt sie.

Und dann Olympia. Beinahe hätte Nicola Thost das Sportfest im letzten Moment noch ausgelassen. Sie kam mit Blessuren aus den USA zurück, und die Versuchung, einfach nicht nach Japan zu fahren, war groß. Weil sie, anders wohl als alle Goldmedaillengewinnerinnen von Nagano, nie behaupten konnte, auf diesen Sieg hätte sie ihr Leben lang hingeträumt. Aber sie kam trotzdem, gerade mal zwei Tage vor dem Finale, weil ihr Vater und ihr Bruder sie überredeten.

Die Eindrücke, die dort auf sie einstürzten, verwirrten sie, befremdeten sie und stießen sie zum Teil auch ab. Herumgereicht werden wollte sie nicht. Als sie fünf Tage nach ihrer Ankunft wieder abreiste, tat sie es immerhin als erste Halfpipe-Olympiasiegerin. »Es war ein Wettkampf wie jeder andere. Wichtig war, Spaß zu haben.«

Runter von der Piste, rein ins Hotel und Kofferpacken, rauf aufs Siegertreppchen, rüber ins Deutsche Haus und später ab nach Tokio – das wahre Olympia raste für Heidi Renoth genauso dahin wie der Riesenslalom …

SNOWBOARD

Als Snowboard-Urahn gilt der Amerikaner Jack Burtchett, der seinen »Testflug« 1929 auf einer Holzplatte absolvierte, auf der er sich mit einer Leine festhielt. Richtig los ging es 1965, als sein Landsmann Sherman Oppen eine Sportartikelfirma zur Herstellung eines Plastik-Snowboards überredete. 1977 folgte ihm Jake Burton Carpenter, der ein flexibles Gerät mit Wasserski-Bindungen konstruiert hatte. Nachdem man die »jungen Wilden« auf den Hängen in den USA anfangs meist als Ärgernis angesehen hatte, boomte die Branche, als Rossignol in die Massenproduktion einstieg und das Fernsehen auf den attraktiven Sport aufmerksam wurde. Der Rennzirkus entstand Mitte der 80er, als die International Snowboard Federation (ISF) erste WM austrug. Nachdem das IOC 1995 Snowboard ins Olympische Programm aufgenommen hatte, meldete auch der Internationale Skiverband (FIS) Interesse an Snowboard-Veranstaltungen an, was einen Krieg mit der ISF auslöste, der aber anläßlich der Olympia-Qualifikation für Nagano mit einem Kompromiß beendet werden konnte.

... FIND ICH GUT!

BERND KROSCHEWSKI

27 Jahre alt, Student aus Frickingen, seit 1990 Snowboarder, 1997 erster deutscher Snowboard-Weltmeister (Slalom) und WM-Dritter im Parallel-Slalom.

Erst wie festgeschnallt, dann völlig losgelöst

Am Anfang stand der Zweifel. Ein Freund hatte mich mitgenommen zum Snowboarden und Stein und Bein geschworen, daß mir das ultimative Erlebnis bevorstünde. Meine Premiere auf dem Mono-Ski aber stürzte mich nicht in einen Begeisterungstaumel: Wo sollte da der besondere Kick sein? Ich fühlte mich mit beiden Füßen auf ein Brett geschnallt und dadurch eher behindert als berauscht.
Jahrelang war ich »normale« Skirennen gefahren, wußte dabei, daß ich, wenn es brenzlig wurde, die Stöcke zu Hilfe nehmen konnte. Aber der Zweifel verschwand bald und wich dem Genuß. Während bei den Alpinen sportliches Vorankommen nur langsam und mit sehr viel Aufwand möglich war, ging es bei den Boardern mit Vollgas voran. Der Erfolg als Spaßfaktor potenzierte dieses wunderbare Schwebegefühl zwischen roten und blauen Stangen, das ich mit dem Sportgerät in doppelter Ausführung so nicht kennengelernt hatte. Ansonsten sind die Unterschiede so groß nicht, wenn man einmal davon absieht, daß Snowboarder vielleicht fünf bis zehn Prozent von dem verdienen können, womit Top-Skifahrern ihr Können entgolten wird. Dabei ist unser Sport, der manchmal etwas vorschnell nur auf »Fun« reduziert wird, durchaus harte Arbeit.
Im Sommer habe ich jeden Tag im Olympiastützpunkt trainiert, im Winter steht man 140 bis 150 Tage lang Morgen für Morgen, Nachmittag für Nachmittag am Hang, um Übungen, Schwünge, einzelne Elemente durchzuexerzieren. Der Wettkampf ist Ehrgeiz, Streß, Quälerei und Befriedigung zugleich. Jedenfalls nicht nur das im Fernsehen, wenn wir denn dort schon mal präsent sind, suggerierte Bild: Fahr' runter, hab' Spaß, jubele – und krieg' dann noch Geld dafür.
Richtig schön wird Snowboarden, wenn man an der frischen Luft frei rutschen kann. Wenn Schnee liegt, kann das überall etwas Faszinierendes sein. Und da gibt es auch keine Altersgrenzen: Mit Snowboarden kann man auch noch als Mittsechziger anfangen.

OLYMPIASIEGER

1998 Nicola Thost

BIATHLON

バイアスロン

Staffel-Wechsel: Ricco Groß (rechts) an Peter Sendel …

Mit gehöriger Wut im Bauch stürmte der Thüringer Sven Fischer auf die Rennstrecke. In den beiden Einzelwettbewerben war auch für ihn nichts gelaufen. Die Norweger hatten der Konkurrenz ihre Souveränität demonstriert, das Gold durch Halvard Hanevold über 20 km und Ole Einar Björndalen im 10-km-Sprint eindrucksvoll erobert. Für die Deutschen war lediglich ein sechster Platz durch Ricco Groß über 20 km und ein siebenter durch Frank Luck über 10 km herausgesprungen. Verdammt mager für das mitfavorisierte Team. Dazu kamen bei Fischer noch die persönlichen Unannehmlichkeiten. Wegen seiner Angaben in einem Fragebogen bezüglich von Verbindungen zur »Stasi« in der DDR war er aus der Bundeswehr geworfen worden. Nun wollte er es allen im abschließenden Staffellauf beweisen, besonders den Neidern, Meckerern und Denunzianten.

.. Sven Fischer (links) an Frank Luck, der später jubelt.

Ricco Groß war das deutsche Quartett elanvoll angelaufen. Peter Sendel hatte dann nach null Fehlern beim Schießen und einer ausgezeichneten Laufleistung, zeitgleich mit dem Russen Wladimir Dratschew, an Sven Fischer übergeben. Bereits nach der ersten 2,5-km-Schleife kam dieser mit 30 Sekunden Vorsprung zum Liegend-Schießen. Am Ende übergab er mit 1:05 Minuten Vorsprung an seinen Schwager Frank Luck. Der lief bei seinen vierten Winterspielen trotz dreier Nachlader und einem Sturz zu einem klaren Olympiasieg. Für den gebürtigen Erzgebirgler Ricco Groß, der nach der Wende von Schwarzenberg nach Ruhpolding verzog, war es das dritte olympische Staffelgold in Folge. Damit rückte er in der Rangfolge der erfolgreichsten deutschen Wintersportler auf den dritten Platz. Optimistisch verspricht er seiner Frau Katrin, die ihn nach dem dritten und so unerwarteten Goldlauf eng umschlingt: »In Salt Lake City bin ich 2002 noch einmal dabei.«

Aber nicht nur der Wille allein war es, der in Nozawa Onsen, was zu deutsch Goldquelle heißen soll, Berge versetzte. So erläuterte Bundestrainer Norbert Baier, der sich in der olympischen Vorbereitung vor allem um die Schießleistungen kümmerte, während der einstige Olympiasieger Frank Ullrich das Lauftraining im Auge behielt: »Für den anders als in Europa und Amerika strukturierten Schnee benötigten wir eine andere Lauffläche. Deshalb ließen wir von einem japanischen Spezialisten in Hakuba die Lauffläche abschleifen. Und siehe da, wir konnten unsere läuferische Stärke sofort wieder ausspielen.«

Alle Probleme mit Wachs und Lauffläche überspielte die nur 1,56 m großgewachsene Uschi Disl. Zu ihren bisherigen drei Olympiamedaillen hängt sie nun drei weitere hinzu. In einer Art Dreierhopp sprang die Uschi, die eigentlich Ursula heißt, zu Gold. Bronze im 15-km-Rennen, Silber über die Sprint-Distanz von 7,5 km und dann schließlich Gold mit der 4 x 7,5 km-Staffel. Dabei sah es für sie und das deutsche Quartett bereits 500 m hinter dem Startgarten nach einem Desaster aus. An der Stelle, wo die Strecke schmaler wurde, passierte ist. Eine Läuferin hinter unserer Startläuferin war auf einen ihrer beiden Stöcke getreten. Schwupps, rutschte er aus der Hand und lag im Schnee. Die nachfolgenden Läuferinnen preschten drüberweg und weiter. »Also mußte ich stehen bleiben, drei, vier Meter zurück laufen, und rammelte dann hinterher«, erinnert sich die kleine Dame mit dem großen Kämpferherzen. Zu Hause in dem 100-Seelen-Ort Dietramszell wird es mucksmäuschenstill gewesen sein. Auch bei ihrem Verlobten Franz in Weiden, der wohl auf seine Uschi noch eine Weile warten muß, um immer bei ihr zu sein. Sie denkt noch längst nichts ans Aufhören. Erst im vergangenen Jahr hat sich die Polizei-Obermeisterin in Ruhpolding ein Zimmer genommen, um näher an den Trainingsstrecken zu sein. Es lohnt sich offensichtlich. Disl kann laufen wie ein Wiesel. Schließlich übergab sie trotz des Malheurs als Dritte an Martina Zellner. Deren Vater Karl hatte geholfen, den Biathlon-Damen die Ski zu wachsen. Es war ein Meisterwerk. Martina wich keinen Fußbreit, blieb im Blickfeld mit den Läuferinnen aus Rußland, Norwegen und Weißrußland. Die erstaunlich lange an der Spitze liegenden Slowakinnen hängte die Polizei-Obermeisterin aus Schleching gleich beim ersten Schießen ab. Die Oberhoferin Katrin Apel brachte als dritte Läuferin die Staffel an die Spitze. Die einstige Silbermedaillengewinnerin bei den Junioren-Weltmeisterschaften im Skilanglauf demonstrierte, daß sie im Skilaufen noch nichts verlernt hat. Mir ihr konnte keine der Konkurrentinnen mithalten, weil sie auch das Schießen exzellent erlernt hatte. Die unverwüstliche Petra Behle aus Willingen, die »Mutter der Kompanie«, blieb dann auf Goldkurs. 50 Meter vor dem Ziel schnappte sie sich selbstbewußt eine deutsche Fahne von einem der vielen, vielen Zuschauer und glitt trotz aller Erschöpfung freudestrahlend ins Ziel. Nach zweimal Silber 1992 und 1994 schmückte sie sich diesmal mit der goldenen Staffelmedaille.

»An den Norwegern sieht man, was es bedeutet, wenn ein Land Skilanglauf und Biathlon zu Nationalsportarten erklärt.«

Ricco Groß, Deutschland

Als personifiziertes Glück saß Petra Behle später in der stimmungsvollen Runde der Siegerinnen, ihrer Betreuer und Fans. »Einen besseren Schluß hätte ich mir für meine Laufbahn nicht wünschen können. Nun habe ich auch eine olympische Goldmedaille. Jetzt kann ich beruhigt abtreten.« Ihren Mann Jochen, der hier in Hakuba mit 37 Jahren einen schweren Einbruch erlebte und glücklos war, tröstete Petra: »Jochen hat meine Ski vor dem Rennen probiert, hat also auch einen kleinen Anteil am Erfolg. Wir sind schließlich eine Familie, da ist es egal, wer Gold gewinnt. Es ist für später eine gemeinsame Erinnerung an unseren letzten olympischen Tag. In unserer Wohnung wird sie einen Ehrenplatz bekommen.«

Wie Petra ihren Ehemann, so hatte auch Katrin Apel ihren langjährigen Freund in Nagano in ihrer Nähe. Der Thüringer Thomas Burrmann war Wachsmann bei den Schweizer Langläufern. »Hakuba ist zwar über 120 Kilometer entfernt. Aber zweimal konnten wir uns doch treffen. Das baute mich auf und gab Selbstvertrauen«, sagt die blonde Katrin, die zu einer der angenehmen Entdeckungen in der deutschen Olympiamannschaft von Nagano 1998 wurde. □

, Vorletztes Schießen für eine legen-
äre Biathletin: Petra Behle. In ihrer
aufbahn gewann die Sauerländerin
ei Olympia und den WM 16 Medaillen.
anz sicher dürfte die Goldene von
agano mit ihren Teamkolleginnen
schi Disl, Martina Zellner (oben von
nks) und Katrin Apel (unten rechts)
ie schönste sein.

CHRONIK DEUTSCHLAND

OLYMPIASIEGER

1980 Frank Ullrich (10 km)

1984 Peter Angerer (20 km)

1988 Frank-Peter Roetsch (10 km/20 km)

1992 Mark Kirchner (10 km)

Ricco Groß/Jens Steinigen/Mark Kirchner/Fritz Fischer (Staffel)

Antje Misersky (7,5 km)

1994 Ricco Groß/Frank Luck/Mark Kirchner/Sven Fischer (Staffel)

1998 Uschi Disl/Martina Zellner/Katrin Apel/Petra Behle (Staffel)

Ricco Groß/Peter Sendel/Sven Fischer/Frank Luck (Staffel)

△ Super-Frauen und erfolgreiche Ski-Jägerinnen:
Zauberhafte Blumen für Bulgariens erste Olympiasiegerin auf Schnee und Eis, Jekaterina Dafovska.
Gelungener Umstieg vom Skilanglauf zum Biathlon mit Bronze und Staffel-Gold-Katrin Apel (von oben).

▷ Komplette Kollektion an Medaillen für Uschi Disl.
Ihr Kommentar dazu: »Oh mei, oh mei, oh mei!!!«

VERGESSENE SIEGERIN

Die Fotoreporter konsultierten ihre schreibenden und sprechenden Kollegen und malten beim 15-km-Wettbewerb der Biathletinnen ihre Kreuze auf den Startlisten vor allem hinter den Namen der Schwedin Magdalena Forsberg, der Russin Albina Achatowa oder der Deutschen Petra Behle. Den der Bulgarin Jekaterina Dafovska erhielten sie von keinem der Experten als Favoritentip. Doch dann passierte das Wunder, das eigentlich keines war. Die 22jährige fand das richtige Mittel zwischen dynamischem Lauf im Schlittschuhschritt und flottem, sicherem Schießen. 19 von 20 Zielen traf sie. Die eine Strafminute nahm sie nahezu lächelnd in Kauf. Warum fehlte sie in der Favoriten-Kartei der Experten? Denn eine Unbekannte war sie doch in der Szene nicht. Hatte sie nicht 1995 und 1997 eine Bronzemedaille bei den Weltmeisterschaften gewonnen? 1990, nach der »bulgarischen Wende«, hatte sich die begeisterte Skilangläuferin an der Kinder- und Jugendsportschule in Tschepelare bei Pamporovo dem Biathlon zugewandt. Den Tip gaben ihr ihre Eltern. »Ich habe auf die Weltcup-Rennen bewußt verzichtet und mich zu Hause in den Rhodopen konsequent auf Nagano vorbereitet«, erzählte sie. »Unsere Wachsexperten reisten schon am 1. Februar dorthin, um für uns die Schneeverhältnisse zu prüfen. Es hat sich gelohnt.« Ihr Trainer Nikola Boitschev gab den Reportern im Ziel eine hübsche Geschichte zum Besten. »Ihr Vater und ihre Mutter sind Jäger. Deshalb sagen wir immer, Katja, dich haben sie bei der Jagd gezeugt.« Die Olympiasiegerin sieht das gelassen und kontert: »Gold habe ich ohne sie gewonnen, aber unsere Techniker haben mir dabei sehr geholfen.«

»Wir sind eine starke Mannschaft und alle mit vollem Risiko gerannt. Wir haben gehofft, daß wenigstens einer durchkommt«, beschrieb Olympiasieger Halvard Hanevold die Devise der »Wikinger«.

BIATHLON

Was heute Biathlon genannt wird, kann man als die Urform des Skilaufs bezeichnen, die in grauer Vorzeit einmal der Jagd diente. Als im 18. Jahrhundert erstmals Ski-Kompanien aufgestellt wurden, gewann der militärische Aspekt an Bedeutung. Daraus entwickelte sich der Militärpatrouillenlauf, den man bei den Winterspielen zwischen 1924 und 1948 als Demonstrationssport austrug. Nach dem Zweiten Weltkrieg wurde abgerüstet, und statt der Patrouille kam 1960 der weniger militärische Winterzweikampf Biathlon ins Programm, der vor allem in Schweden Tradition hatte. Der Einzelwettkampf über 20 km wurde 1968 durch die Staffel ergänzt; 1980 kam eine Sprint-Konkurrenz über 10 km hinzu, bei der – wie in der Staffel – Fehlschüsse nicht durch Strafminuten, sondern runden geahndet werden

1977 begann eine geradezu zivile Ära, als das bis dahin gültige Armeegewehr durch die Kleinkaliberwaffe ersetzt wurde. Das machte Biathlon nicht nur billiger und populärer, sondern ab 1992 auch femininer.

FRITZ FISCHER

41 Jahre alt, heute Nachwuchstrainer in Ruhpolding, erst mit 20 Biathlet geworden. Viermal Olympia-Teilnehmer, 1992 Staffel-Gold, 1988 -Silber, 1984 -Bronze. Bei acht WM sieben Medaillen, davon sechs in Teamwettbewerben, 1989 WM-Dritter über 20 km. In Nagano Co-Kommentator für Eurosport.

Im Wettkampf zeigt sich das wahre Ich

Für mich fing alles mit der Bundeswehr an. Von Leistungssport hatte ich bis dahin bestenfalls in der Zeitung gelesen. Und das bißchen Angeln daheim konnte ich ja kaum als Körperertüchtigung anführen. Dann mußte ich bei einem Sportwettkampf in der Kaserne im 5000-Meter-Lauf gegen den Bataillonskommandeur, einen passionierten Renner, antreten. Ich habe mich an seine Fersen gehängt und gewonnen – auf seine erstaunte Frage, wie mein Trainingsprogramm aussehe, wußte ich nichts zu antworten. Danach habe ich begonnen, tatsächlich etwas zu tun – und kam wie die Jungfrau zum Kinde zum Biathlon. Als Zuschauer bei einem Wettkampf fand ich Gefallen an der Geschichte. Mein erster Versuch wurde eine einzige Quälerei. Da ich Startgeld bezahlt hatte, bemühte ich mich nach Leibeskräften, dieses am Büfett durch viel Essen wieder reinzuholen – und wurde gnadenlos durchgereicht. Nur zwei Jahre ernsthaften Trainings aber reichten schon aus, und ich erlebte in Lake Placid meine ersten Olympischen Spiele. Ich glaube, gewisse Sachen kann man nicht lernen, die muß man einfach im Körper spüren.

Im Winter-Triathlon, der Kombination aus Biathlon und Riesenslalom, war ich gar dreimal Weltmeister. Doch trotz des ursprünglichen Traums, mal Alpiner zu werden – Biathlon, das ist *mein* Sport geworden, erst aus Zufall, später aus Leidenschaft und Liebe. Die doppelte Herausforderung, das Laufen bis ans Limit und die Nervenstärke bei pochendem Puls mit dem Gewehr – das ist es, was den besonderen Kick ausmacht. Am Schießstand kann man seinen Charakter nicht verbergen, da zeigt sich das wahre Ich. Wenn man sich generell emotional nicht im Griff hat, dann ist man im Biathlon chancenlos. Wer umgekehrt in diesem prickelnden Winterzweikampf ruhig Blut bewahrt, der wird so ähnlich auch in anderen Streßsituationen handeln. Ich habe enorm viel durch und mit diesem Sport gelernt. Zum Beispiel positives Denken. Die Dinge können noch so schlecht gelaufen sein, man muß mit positiven Gedanken einschlafen. Wer seine Disziplin richtig betreibt, nimmt etwas mit für die eigene Persönlichkeit.

Ich habe es zudem genossen, daß ich mich mit den Jahren und Erfolgen wirklich in die Herzen der Fans gelaufen habe. Leute begeistern zu können, die man gar nicht näher kennt, ist wunderbar. Die haben mich angerufen und gesagt: »Mir ist zwar die Suppe auf dem Herd angebrannt, aber dennoch vielen Dank.«

Das Schönste war der Staffel-Olympiasieg 1992. Das als Schlußläufer zu erleben, war ein Traum, ein Geschenk Gottes. Auf den 200 Metern Zielgerade standen mir die Tränen in den Augen – dafür habe ich gern auf Einzel-Gold verzichtet.

OLYMPIA SPECIAL

オリンピック　スペシャル

Enjoy

Der reichste Mann der Welt gewinnt olympisches Gold

Wie Nagano die Olympischen Winterspiele 1998 bekam

Tut mir leid, Sir, kein Zutritt«, erklärt uns einer aus der Phalanx von Polizisten, die am Eingang des Birminghamer Fünf-Sterne-Hotels Hyatt postiert sind. »Aber wir sind akkreditierte Presseleute.« – »Tut mir leid, Sir, aber Sie sind hier nicht erwünscht.« Über uns flattert die Olympische Flagge. Das Internationale Olympische Komitee tagt nach fast einem halben Jahrhundert mal wieder in England. Und seit den spartanischen Nachkriegsspielen, die 1948 in London stattfanden, hat sich viel geändert.

Eine Flotte glänzender weißer Limousinen, auf denen deutlich sichtbar die fünf olympischen Ringe prangen, fährt vor dem Hyatt vor und wieder ab – am Steuer immer blonde, langbeinige junge Frauen, die sich gleichen wie ein Ei dem anderen. Aus den Luxuskarossen ergießt sich am Hoteleingang ein Strom gutgekleideter Menschen, hauptsächlich Männer. Die etwas über neunzig Mitglieder des Olympischen Komitees sind erster Klasse zu ihrer Vollversammlung des Jahres 1991 gejettet.

Die Polizisten befreien diese bedeutenden Persönlichkeiten von ihrem Gepäck und eskortieren sie durch die Sicherheitskontrollen. Die funkelndste und längste Limousine wird bei ihrer Ankunft von einer Polizeistaffel auf Motorrädern begleitet. In einem Auto dieser Art könnte der Stadtrat von Birmingham eine ganze Obdachlosenfamilie einquartieren, und es bliebe immer noch Platz für mehrere Verwandte. Auf dem Rücksitz des Monsters, eines Rover Regency, versinkt in den Polstern der oberste Gralshüter, der Präsident des Olympischen Komitees, Samaranch. Er wird den Vorsitz bei der Jahresversammlung des Komitees führen, vor allem aber bei der Wahl der Gastgeberstadt für die Winterspiele 1998. [...]

Das gesamte Olympische Komitee war inzwischen daran gewöhnt, von vorn bis hinten bedient zu werden. Eben war eine weitere Runde zu Ende gegangen, in der sich kandidierende Städte in der Hoffnung auf die Winterspiele 1998 in Höflichkeiten und Ehrerbietung überboten. Diesmal waren es Aosta in Italien, Jaca in den spanischen Pyrenäen und Östersund, auf das die Schweden ihre Hoffnungen richteten. Aber in der engeren Wahl waren nach wie vor nur Salt Lake City, das bereits so gut wie alle Anlagen gebaut hatte, und Nagano, drei Zugstunden von Tokio in den japanischen Bergen gelegen; dort hatte man noch gar nicht mit dem Bau begonnen. Nach dem Zirkus, den die Japaner machten, hätte man es kaum für möglich gehalten, daß bislang kaum mehr existierte als Pläne auf dem Reißbrett.

Das Team aus Nagano hatte in Birmingham 500 Hotelzimmer reserviert und mit Lobbyisten belegt. Die einen empfingen Gäste in ihrer Suite, andere veranstalteten täglich Demonstrationen auf dem Platz vor dem Kongreßzentrum. In martialischen Formationen standen sie da und schwenkten wie Roboter Regenschirme zur Musik vom Band.

Alle bedeutenden Persönlichkeiten aus Nagano, ja aus ganz Japan, schienen in der Stadt zu sein – mit einer Ausnahme: Der Mann hinter der Bewerbung, der Mann, der wahrscheinlich den größten Profit aus dem Sieg schlagen würde, der Mann, der bereits das größte Privatvermögen der Welt besaß, war zu Hause geblieben.

Drei Jahre zuvor hatte die Zeitschrift *Forbes* geschätzt, daß Yoshiaki Tsutsumi etwa 19 Milliarden Pfund schwer sei. Aber niemand wußte es genau. Sein Vermögen in Form von Land, Eisenbahnen, Busgesellschaften, Hotels, Golf- und Skisportanlagen verbarg sich hinter einem Labyrinth von Firmen, und viele japanische Kommentatoren hielten es für wahrscheinlich, daß sich seine Reichtümer auf das Doppelte beliefen.[1]

Tsutsumi hielt siebzig Prozent der Anteile an Japans riesiger Skisportindustrie und war immer auf Expansion aus, besonders, wenn er den japanischen Steuerzahler an den Kosten beteiligen konnte. Die neuen Verbindungen seiner Familie zu mehreren aufeinanderfolgenden Regierungen trugen dazu bei, daß er seinen Rivalen immer eine Nasenlänge voraus war. Und als er sein Gewicht für Nagano in die Waagschale warf, mußte die Stadt zwangsläufig zum Favoriten unter den Bewerbern für die Olympischen Spiele werden.

Drei Rivalen um die olympischen Winterspiele 1998 wurden von Japan rasch ausgeschaltet, und dann war

NAGANO
1 9 9 8

NAGANO

諏訪大社 御柱祭

es Aufgabe des japanischen Olympischen Komitees, Naganos Bewerbung zu unterstützen. Und wer war dessen neuer Präsident? Kein anderer als Herr Tsutsumi. Als die Umweltschützer immer heftiger gegen seine Pläne protestierten, trat er von seinem Posten zurück. Skeptiker vermuteten, er arbeite lieber hinter den Kulissen und habe den Posten sowieso nie wirklich gewollt.

Japans magere Leistung bei den Spielen von Seoul war eine Hilfe. Die vier Goldmedaillen – Nachbar Südkorea trug zwölf nach Hause – sorgten dafür, daß auch nationalistische Elemente bei der Bewerbung zum Tragen kamen. Das politische Establishment spielte mit, und Tsutsumis Bewerbung wurde vom früheren und vom gegenwärtigen Ministerpräsidenten gebilligt. Die Politiker versprachen, 671 Millionen Dollar aus öffentlichen Geldern – gegenüber nur 218 Millionen aus der Wirtschaft – in Einrichtungen, Straßen und Verbesserungen der Infrastruktur zu stecken. Auch ein »Spitzenklasse«-Hotel für das IOC sollte es geben.

All diese Angebote gingen an Samaranch in Lausanne, der sich durch die Bitten des reichsten Mannes der Welt und der führenden Geschäftsleute und Politiker einer der weltstärksten Wirtschaftsmächte geschmeichelt fühlen mußte. Und es gab noch eine weitere wichtige Verbindung, die wenige andere bemerkt haben dürften. Die Bewerbung Naganos wurde von Dentsu unterstützt, dem Werbe-Giganten, der außerdem neunundvierzig Prozent des von Horst Dassler gegründeten Marketingunternehmens ISL (International Sport and Leisure Company) hielt; diese wiederum hatte den olympischen Marketing-Vertrag.

Im Herbst 1990 fuhr Samaranch mit dem IOC-Exekutivkomitee nach Tokio. Hier wurde er mit einem weiteren Ehrentitel, der höchsten zivilen Auszeichnung der japanischen Regierung, und einer Privataudienz bei Kaiser Akihito geehrt. Die Geschäfte, um die es hier wirklich ging, wurden in Tsutsumis New Takanawa Prince Hotel abgewickelt, das auf einem einst den kaiserlichen Ländereien zugehörigen Grundstück steht. Samaranch, Tsutsumi, ein Dolmetscher und ein großer Tee-Meister verließen bald den verschwenderisch ausgerichteten Empfang, um an einer privaten Teezeremonie in einem abgeschlossenen Gemach teilzunehmen. Anschließend ging in Tokio das Gerücht, daß der olympische Präsident dem reichsten Mann der Welt einen Sitz im Olympischen Komitee angeboten hatte und daß Tsutsumi ihn vielleicht ablösen sollte.[2]

Im folgenden Jahr machten die Mitglieder des Olympischen Komitees ernsthafte Inspektionsversuche. Auf der Reise – man übernachtete in Tsutsumis Hotels – wurden sie von »Hostessen« begleitet und in Nagano von Tausenden von Bürgern willkommen geheißen, die von Schulen und Arbeitgebern mobilisiert worden waren. Die Olympier entspannten sich in heißen Quellen, ließen sich von Geishas unterhalten und durften, japanischen Reportern zufolge, wertvolle Gemälde im Wert von vielen Millionen Yen mit nach Hause nehmen. In Japan hat es Tradition, daß Geld aus der Wirtschaft auf diese Weise »gewaschen« und an Politiker weitergegeben wird.

Im Mai 1991 – einen Monat vor der Abstimmung in Birmingham – weilte Samaranch erneut in Japan.

Er stand im Mittelpunkt der Aufmerksamkeit, als er bei einem Empfang in einem der größten Hotels Tsutsumis in Tokio seinem Gastgeber den Olympischen Orden für »besondere Verdienste um die Olympische Bewegung« verlieh.

Am nächsten Tag bestiegen die beiden Kumpel zusammen mit dem Gouverneur der Provinz Nagano und dem Bürgermeister einen eigens gecharterten, ehemals kaiserlichen Zug nach Nagano. Die Reise kostete die Bewerberstadt angeblich über zwei Millionen Mark. Ein japanischer Enthüllungsjournalist, der Tsutsumis Aktivitäten nachspürt, behauptet, Samaranch habe den Milliardär in der Verschwiegenheit des Eisenbahnabteils gebeten, ihm unter die Arme zu greifen, da ein großes Defizit wie ein Damoklesschwert über dem Olympischen Museum in Lausanne hinge. Wie wäre es mit 13 Millionen Dollar?

Tsutsumi willigte ein. Er rückte selbst 10 Millionen Dollar aus seinem eigenen Wirtschaftsimperium heraus und überredete weitere siebzehn japanische Firmen, je eine Million Dollar beizusteuern. Bei seinem letzten Besuch hatte Samaranch den japanischen Ministerpräsidenten Toshiki Kaifu um Steuererleichterungen für Firmen gebeten, die sich an dem Museum beteiligten.[3] Angeblich bat Samaranch Tsutsumi dann, in den Bau von Freizeiteinrichtungen in Barcelona zu investieren.

Nach der Ankunft in Nagano mußte sich Samaranch den Strapazen einer schwierigen Pressekonferenz unterziehen. Die erste Frage lautete: »Möchten Sie eine Erklärung abgeben?«, gefolgt von »Was für einen Eindruck haben Sie von Nagano?« Den weiteren Verlauf steuerte er selber, indem er den Einheimischen verkündete: »Ich bin wohl noch niemals mit solcher Wärme willkommen geheißen worden.« Eine ähnliche Wärme muß ein Mitglied der Prüfungskommission des IOC umfangen haben; der Mann tauchte auf, flog mit einem Hubschrauber über die noch unbebauten Standorte und gab bekannt: »Die Gastgeber sind sehr gut vorbereitet.«

Japanische Gegner der Bewerbung hatten gegen Samaranch, Tsutsumis Milliarden, das gesamte wirtschaftliche und politische Establishment Japans und Dentsu keine allzu großen Aussichten. Aber sie versuchten es. Zwischen Samaranchs zwei Besuchen ließ sich eine Olympia-Gegnerin, Frau Noriko Ezawa, bei den Stadtratswahlen in Nagano gegen den amtierenden Bürgermeister aufstellen. Er gewann spielend 103 000 Stimmen, sie hingegen mußte feststellen, daß sie mit ihrem Protest fast allein dastand: Nur 15 000 Ortsansässige unterstützten sie.

»Diese Spiele haben nur den Zweck, einigen Firmen zum großen Geld zu verhelfen«, sagte Frau Ezawa und verwies auf Tsutsumis Imperium, auf Dentsu und die staatliche japanische Fernsehgesellschaft NHK. Unterstützt wurde sie von den japanischen Fathers of the Catholic Council of Justice and Peace, die behaupteten, Kritiker hätten Morddrohungen erhalten, die städtischen Sozialleistungen sollten gekürzt werden, um die Gelder in neue Einrichtungen zu stecken, und illegal eingewanderte Frauen aus armen asiatischen Ländern würden bei der Verrichtung niederer Arbeiten und in Nachtklubs ausgebeutet.

Ihnen schlossen sich die Umweltschutzgruppen an, die sich darauf beriefen, daß die olympischen Baumaßnahmen »massive Eingriffe in Berg-, Wald- und Flußlandschaften und die Umsiedlung ortsansässiger Bauern« mit sich bringen würden. In der Umgebung von Nagano gab es bereits hundertzwanzig Skiabfahrten und achtundfünfzig Golfplätze; die Olympia-Gegner behaupteten, die empfindliche Berglandschaft könne nicht mehr vertragen.

Die Protestbewegung brachte ans Licht, daß bei den Arbeiten an einer Skiabfahrt stark asbestverseuchter Boden freigelegt worden war – eine Entdeckung, die ihnen zu einem frühen Zeitpunkt einigen Erfolg beschieden hatte. Tsutsumi plante neue Skiabfahrten in einem Nationalpark, in dem seltene asiatische Schwarzbären und die letzten vierzig Goldadler-Paare Japans beheimatet sind. Als die Protestbewegung Unterstützung vom japanischen Zweig des World Wide Found for Nature erhielt, gab er das Vorhaben auf. Der Verlust ließ sich leicht kompensieren. Der neue Hochgeschwindigkeitszug aus Tokio würde direkt vor einem seiner neuen Sporthotels halten. Wie auch immer das Ergebnis der Abstimmung in Birmingham aussehen mochte – der Milliardär hatte bereits gewonnen.

»Am Tag vor der Abstimmung in Birmingham«, verriet ein altgedientes IOC-Mitglied, »erklärte ich Samaranch, das Salt Lake City technisch gesehen der beste Bewerber ist. Dort stand bereits alles. Ich fragte ihn: ›Können Sie die Spiele nach Atlanta noch einmal an Amerika geben? Ist hier die Eignung des Austragungsortes entscheidend oder politische Hintergründe?‹ Seine barsche Antwort lautete: ›Wir können die Spiele nicht schon wieder an die Amerikaner vergeben.‹ Dann wechselte er das Thema.«

Die Hauptstadt des Staates Utah hatte den Salt Palace, ein riesiges Versammlungs- und Pressezentrum, erbaut, dazu ein Olympiastadion mit 50 000 Sitzplätzen, ein Olympisches Dorf für 4000 Athleten und alle Austragungsorte für die Skiwettkämpfe; auch 50 000 Hotelräume standen bereits zur Verfügung. Die Eislauf- und Eishockeystadien waren im Bau und sollten binnen sechs Monaten fertiggestellt werden. Das Bewerberteam konnte es kaum erwarten, dem Olympischen Komitee das alles vorzuführen. »Unser Ziel ist, 50 oder 60 IOC-Mitglieder zu einem Besuch herzuholen. Aber das wird mehr als eine Million Dollar kosten«, hieß es in einem Spendenaufruf in einer Lokalzeitung.

»Haben Sie einen Taschenrechner zur Hand?« fragte die in Utah erscheinende *Park Record*. »Angenommen, alle 60 Mitglieder kommen und die Gesamtkosten belaufen sich auf nicht mehr als eine Million Dollar, so wären das 16 666 Dollar pro IOC-Mitglied. Ziehen wir 1666 Dollar für den Erste-Klasse-Flug ab. Übrig bleibt die runde Summe von 15 000 Dollar. Rechnen wir weiter 100 Dollar für Sweatshirts, Mützen und Sporttaschen mit dem Aufdruck ›Salt Lake City '98‹ und 700 Dollar für eine Woche Unterbringung erster Klasse – dann müssen immer noch 14 200 Dollar ausgegeben werden. Daraus ergeben sich zwei Fragen: Was essen die IOC-Mitglieder? Und wie werde ich Mitglied des IOC?«

In Birmingham hatten die fünf rivalisierenden

Städte benachbarte Suiten des Hyatt zu ihren Empfangsräumen ausstaffiert. Salt Lake City brachte Kiefern und singende Cowboys mit. In den Räumen von Östersund sah es aus wie in einer schwedischen Kiefernholz-Küche, und man bot den vorbeikommenden Olympiern Wodka, Loganbeersaft und mit geräuchertem Reh gefüllte Teilchen an.

»Wir haben siebenundachtzig IOC-Mitglieder in ihren Heimatländern besucht und zweiundsiebzig zu einem Besuch nach Östersund geholt«, sagte der zuständige Herr Borg. »Es wird jetzt zuviel geschenkt. Wir machen jedem IOC-Mitglied ein Geschenk bei unseren persönlichen Besuchen, ein Geschenk, wenn sie unsere Stadt besuchen, ein Geschenk, wenn sie unsere Empfangssuite besuchen, und ein Geschenk an jedem Tag, den sie im Hotel verbringen. Die Hotelangestellten, die die Gaben überbringen müssen, haben sich gestern beschwert. Manche Geschenke sind einfach zu groß.« Kein Grund zur Beunruhigung. Extrakoffer, in denen die Olympier ihre Ernte abtransportieren können, sind schon bestellt.

Die Suite Naganos ist als japanischer Teeraum herausgeputzt. Bürgermeister Tasuku Tsukada schüttelt Hände und begrüßt Gäste. Teilnahmslos hört er sich an, wie der junge Dolmetscher eine Frage nach der Schenkerei übersetzt. Ein müdes Nicken, und er verschwindet hinter einem Regal der Empfangssuite. Als er wieder auftaucht, hält er eine Schachtel mit schön verpackten Süßigkeiten in der Hand. So kann diese Frage nur von einer Bewerberstadt aufgefaßt werden.

Eine einzige Frage gibt es, die er unbeantwortet läßt. Als Bewerbungsberater Naganos hat man Goran Takac, den Sohn von Samaranchs technischem Berater Artur Takac, angestellt. Bürgermeister Tsukada weigert sich, offenzulegen, wieviel ihm Goran dafür in Rechnung gestellt hat. Vielleicht weiß er, daß innerhalb der olympischen Familie eine kleine Kabbelei im Gange ist. Das Mitteilungsblatt *Sport Intern* ist von der Lobhudelei auf Samaranch zu einem scharfen Angriff auf die Familie Takac übergegangen. »Takac junior hat seit Jahren den Kandidaten für die Winterspiele das Blut ausgesaugt«, schreibt Herausgeber Karl-Heinz Huba.[4] Goran selbst wirkt unbesorgt. Auf seinem fast ständig besetzten Posten im Foyer des Hyatt hält er Ausschau nach Klienten und neuen Geschäften. Im Unterschied zu den Medienleuten hat man ihn anstandslos hereingelassen. Huba hält sich in einem anderen Flügel des Hotels auf und sammelt Geschichten, die in seinen Rundbrief passen: eine bunte Mischung keimfreier Berichte über die olympische Familie.

Bei Einbruch der Dunkelheit verläßt Tsukada jeden Abend das Hotel und fährt in die Gartenvorstadt Moor Green; hier spielt sich der geheime Teil der Gastlichkeits-Kampagne Naganos ab. Für 500 Pfund am Tag hat man Highbury House angemietet, eine riesige Villa, die ein ehemaliger Politiker und Millionär der Stadt vermacht hat. »Ich war sehr verblüfft, als ich dort hinkam«, sagt die Studentin Shirley Hunt, die in dieser Woche als Kellnerin im Highbury arbeitete. »Die Japaner hatten ihre eigenen Chefköche, Servicerinnen, Kellner und so weiter eingeflogen. Die Köche hatten unglaubliche Arbeit geleistet. Lachs und Krabben und alle möglichen Meerestiere waren in einer schönen Eisvitrine ausgestellt, die jedem Gast

an den Tisch gerollt wurde; er traf seine Wahl und durfte dann zusehen, wie seine Speise in Eierkuchenteig ausgebacken wurde. Es war schon ein Erlebnis«, sagt Hunt.

»Es gab auch eine gut ausgestattete Bar mit Weinen, Spirituosen und Sake. Hochprozentiges wurde nach Augenmaß ausgeschenkt. Man sagte uns, wir bräuchten nicht darauf zu achten, eine bestimmte Menge in die Gläser zu füllen. Am Ende des Abends waren die meisten Gäste ziemlich angeheitert, einige auch stockbetrunken – und sie tranken munter weiter. Es war wirklich peinlich.«

Auch Salt Lake City hatte ein Haus angemietet, um Gäste zu bewirten, aber bereits vor ihrer Ankunft in England stand die Entscheidung so gut wie fest. Trotz all der Millionen von Dollar, die sie in den Bau von Einrichtungen investiert hatten, wäre die Stadt fast in der ersten Runde ausgeschieden. Zusammen mit Aosta verbuchte sie das schlechteste Ergebnis – nur fünfzehn von achtundachtzig Stimmen – und mußte die italienische Stadt erst in einer Stichwahl besiegen, bevor die eigentliche Abstimmung weitergehen konnte. Als nächstes fiel Jaca heraus, was niemanden überraschte, und dann standen die Schweden gegen die Favoriten. Das dauerte nicht lange, und in der Endrunde [am 15. Juni 1991] trafen wie erwartet die Amerikaner auf die Japaner. Tsutsumis Investitionen zahlten sich aus: Nagano bekam sechsundvierzig Stimmen, vier mehr als Salt Lake City. [...]

ANDREW JENNINGS*

DER DRAHTZIEHER

Nur wenige Ausländer kennen seinen Namen, und am liebsten agiert er wie in Nagano im Hintergrund, obwohl er der Vizepräsident des Organisationskomitees war. Die Rede ist von Yoshiaki Tsutsumi, dem Spiritus Rector dieser Winterspiele. Der 64jährige ist ein korpulenter Mann; sein knochiges Gesicht verrät Entschlossenheit. Das Geheimnis seiner Macht ist sein legendärer Besitz. Er gilt als reichster Mann der Welt mit einem geschätzten Privatvermögen von 22 Milliarden Dollar. Tsutsumi produziert beinahe nichts, doch er besitzt ein Konglomerat von Firmen, das kein Außenstehender überblicken kann. Dazu zählen die Hotelketten Prince und Inter Continental, Baseballmannschaften, Warenhäuser, Ferienorte, Skipisten, Golfplätze, Eisenbahnlinien, Straßen und Brücken und ein Sechstel aller Ländereien Japans, darunter halb Nagano. Die Erfolgsstory begann 1889, als in den Omi-Bergen in einer Hütte des Dorfes Yagiso Yasujiro Tsutsumi geboren wurde. Yoshiakis Vater wuchs ohne Eltern auf. Auffallend gutaussehend, klug, scharfsinnig und zum Aufstieg entschlossen, ging er mit zwanzig Jahren nach Tokio, wo er an der Waseda-Universität auf junge Männer traf, die wie er den

* Gekürzt aus: Andrew Jennings, Das Olympia Kartell, © 1996 by Rowohlt Taschenbuch Verlag GmbH, Reinbek, Bd. 60162, Deutsch von Blanca Dahms
Ich bin verschiedenen Wissenschaftlern und Journalisten in Japan zu Dank verpflichtet für ihre Hilfe und Unterstützung bei der Abfassung dieses Beitrages. Außerdem habe ich den Veröffentlichungen von Umweltschutzorganisationen und Gegnern der olympischen Bewerbung Naganos Informationen entnommen.

1 Die Informationen über Tsutsumi stammen zum größten Teil aus: Gentano Taniguchi: *Yoshiaki Tsutsumi and the Olympics*. Sanichi shoho 1992, zitiert in Lesley Downer: *The Brothers*. Catto & Windus 1994.
2 Lesley Downer: *The Brothers*, London 1994. Weitere Einzelheiten zur Bewerbung Naganos sind den öffentlichen Plänen und Etats des Bewerbungskomitees entnommen.
3 *Olympic Review*, 1989, Seite 495.
4 *Sport Intern*, Nummer 9/10, 8. Juni 1991.

Kopf voller Visionen hatten. Als er einmal das 140 km entfernte Karuizawa besuchte, das sich wegen der guten Gebirgsluft zum Urlaubsort für Diplomaten und die japanische High-Society entwickelt hatte, kam ihm die Idee, im benachbarten Kutsukake ebenfalls Sommerhäuser zu bauen – nicht für den Adel, sondern für die Mittelschicht.

Es war ein tragisches Ereignis, dem Tsutsumi seinen Aufstieg verdankte. Am 1. September 1923 zerstörte ein Erdbeben Tokio. Es gab 150 000 Tote und 2,5 Millionen Obdachlose. Häuser, die Tsutsumi im Norden Tokios gebaut hatte, waren jedoch unzerstört, was das Innenministerium öffentlich hervorhob. Daraufhin bekam er eine Flut von Aufträgen. 1924 zog er als Parteiloser ins Parlament ein.

Auch von der nächsten Katastrophe profitierte er: Während des Zweiten Weltkriegs, in dem er es zum Minister brachte, wurden sechzig Prozent aller Tokioter Häuser durch US-Bomben zerstört. Tsutsumi verdiente sich am Wiederaufbau eine goldene Nase. Als die Amerikaner die Kaiserfamilie per Dekret auf einen Stamm reduzierten, kaufte er Land und Paläste der ausgeschlossenen Prinzen und machte diese Güter zum Grundstein der Prince-Hotels. Yasujiro Tsutsumi war dreimal verheiratet und hatte mehrere Mätressen. Sieben Kinder galten als legitim, darunter der 1934 außerehelich gezeugte Yoshiaki. »Kronprinz« aber war der erstgeborene Kiyoshi, der von seinem tyrannischen Vater so lange gedemütigt wurde, bis er auszog und auf sein Erbe verzichtete. Auch der Nächste blieb auf der Strecke: Der hochintelligente, literarisch begabte Seiji stand in Opposition zu seinem kapitalistischen, rechtsextremen Vater und wurde als Student Kommunist, womit sich sein Vater niemals abfinden konnte. Als er zum Parlamentspräsidenten aufgestiegen war, machte er ihn dennoch zu seinem Sekretär und übergab ihm dann die Leitung des Kaufhauses Seibu – ein Name, den nun das ganze Imperium trug. Als der Plutokrat 1964 starb, war entschieden, daß Yoshiaki sein Nachfolger werden sollte. Keiner war ihm ähnlicher als dieser begeisterte Sportler. Der letzte Befehl des Vaters lautete jedoch: Zehn Jahre bleibt alles beim alten. Als die vorbei waren, stieg Yoshiaki groß in den Tourismus und in die boomende Skiindustrie ein. Seine Zielgruppe waren Japaner, die ihr Geld nicht sparen, sondern ausgeben wollten. Wo? Das zeigte er ihnen, und er baute Straßen dorthin, lieferte das Material und errichtete die Hotels. Um das Renommee der Regionen zu vergrößern, bemühte er sich um Veranstaltungen wie die alpinen Ski-WM, die 1993 in Morioka stattfanden. Doch sein bisher größter Coup war die Ausrichtung der Olympischen Winterspiele 1998 in Nagano. Nur einmal irrte er. 1990 trat er nach nur neun Monaten als NOK- Präsident Japans zurück, offiziell wegen Pannen bei den Asiatischen Winterspielen in Sapporo, wo für einen südkoreanischen Sieger die mongolische Hymne gespielt worden war. Inoffiziell heißt es, der Druck der Öffentlichkeit wäre zu groß gewesen, nachdem bekannt geworden war, mit welchen Mitteln der Clan, dessen Kontakte bis in die obersten Regierungskreise reichen, seine Machtposition stabilisierte. Das Verhältnis zu Juan Antonio Samaranch litt darunter jedoch nicht. Im Eingangsbereich des Olympischen Museums von Lausanne, wo die Namen der Sponsoren – nur drei Privatmänner sind darunter – in Marmorblöcken verewigt sind, stehen zwei Steine einträchtig nebeneinander: der des IOC-Präsidenten und der Yoshiaki Tsutsumis, dessen Spende angeblich 13 Millionen Dollar betrug. Kleine Geschenke erhalten die Freundschaft. □

▷ Siegesfreude der Japaner 1991 in Birmingham. Nagano bekommt die Winterspiele zugesprochen. Eiskunstläuferin Midori Ito (vorn rechts) hatte die Kandidatur vor dem IOC begründet. Am 7. Februar 1998 wird sie das Olympische Feuer in der Stadt der 18. Olympischen Winterspiele entzünden.

Eine Mixtur von Schnee, Eis und Feuer

90 Jahre olympischer Wintersport

Die ersten olympischen »Winter Games« wurden im Herbst 1908 in London ausgetragen, nachdem dort einige Wochen zuvor die Sommerspiele zu Ende gegangen waren. Neben Fußball, Rugby, Hockey, Lacrosse und Boxen stand nun erstmals auch der Eiskunstlauf auf dem Programm, der vom IOC schon bei dessen Gründung 1894 in eine Liste »wünschenswerter Sportarten« aufgenommen worden war. Es war die Duchess of Bedford, die die Halle des exklusiven Prince's Skating Club, dessen Patron ihr Gatte war, zur Verfügung stellte, denn zu dieser Jahreszeit konnten die Wettkämpfe ja nur auf Kunsteis stattfinden. Fünf Damen, drei Paare und elf Herren stellten sich den Preisrichtern.

Ein Durchbruch war das aber nicht. Als sich der italienische Graf Brunetta d'Usseaux, im IOC ein eifriger Befürworter des Wintersports, ein Jahr darauf bei dem Schweden Viktor Balck, dem Organisationschef von Stockholm 1912, nach dem Eiskunstlauf erkundigte, stieß er auf Ablehnung. Balck fürchtete um die »Seele« der Nordischen Spiele, die seit 1901 im Vier-Jahres-Rhythmus ausgetragen wurden. Der Vorschlag, die bevorstehenden von 1913 »olympisch« zu erhöhen, fand keine Mehrheit.

1916 hätte es beinahe geklappt. Die Spiele waren nach Berlin vergeben worden, und für Februar plante man eine »Wintersport-Woche« mit Ski-Wettkämpfen am Feldberg und Eis-Konkurrenzen in Berlin. Doch der Erste Weltkrieg machte alles zunichte. 1920 in Antwerpen, wo die Kriegsverlierer ausgeschlossen blieben, waren Eiskunstlauf und erstmals auch Eishockey erneut nur Beiwerk; zumal die beiden Wettbewerbe im April ausgetragen wurden, lange vor den eigentlichen Spielen.

Die von den Hoteliers der mondänen Alpen-Kurorte in der Schweiz und in Frankreich unterstützte Wintersport-Lobby war inzwischen aber erstarkt. Obwohl es 1921 auf einer von IOC-Präsident Pierre de Coubertin einberufenen Konferenz nicht gelang, die skandinavischen Bedenken zu zerstreuen, wurde den olympischen Austragungsländern im Jahr darauf gestattet, künftig eine »Wintersport-Woche« auszurichten, falls sie sich dazu in der Lage sahen.

Frankreich als Gastgeber der Spiele der VIII. Olympiade 1924 in Paris machte den Anfang. Die Wahl fiel auf das am Nordfuß des Montblanc-Massivs gelegene Chamonix, wo am 24. Januar 1924 die »Erste Internationale Wintersport-Woche« eröffnet wurde. Coubertin nannte sie später in seinen Memoiren ein »Schnee-Vorspiel« für Paris. 10044 zahlende Zuschauer wurden gezählt; 20000 Karten verteilte man kostenlos. Erster Olympiasieger war der 23jährige US-Amerikaner Charlie Jewtraw, der den 500-m-Eissprint gewann.

Die Entscheidung, Chamonix rückwirkend in den Rang der ersten Olympischen Winterspiele zu erheben, fällte das IOC erst 1926. Allerdings mit zwei Gegenstimmen, die von den Niederländern kamen, und das nicht ohne Grund. Wo sollten die Niederlande,

◁ Chamonix, 26. Januar 1924, Stade de Olympique: Der Amerikaner Charles Jewtraw gewinnt den 500-m-Eissprint in 44,0 s und wird damit erster Olympiasieger bei Winterspielen.

»Winter Games« im Oktober 1908 in London: Die Britin Florence Syers wird Eiskunstlauf-Olympiasiegerin.

△ Winterspiele im Februar 1928 in St. Moritz: Jennison Heaton (USA) gewinnt Gold im Skeleton.

◁ Massenstart der Eisschnelläufer 1932 in Lake Placid.

Erstmals nahm ein deutsches Team 1928 an Winterspielen teil.

OLYMPISCHE WINTERSPORTARTEN

	1908	1920	1924	1928	1932	1936	1948	1952	1956	1960	1964	1968	1972	1976	1980	1984	1988	1992	1994	1998
Alpiner Skisport						o	o	o	o	o	o	o	o	o	o	o	o	o	o	o
Bandy								x												
Biathlon										o	o	o	o	o	o	o	o	o	o	o
Bobsport			o	o	o	o	o	o	o		o	o	o	o	o	o	o	o	o	o
Curling			x		x												x	x		o
Eishockey		o	o	o	o	o	o	o	o	o	o	o	o	o	o	o	o	o	o	o
Eiskunstlauf	o	o	o	o	o	o	o	o	o	o	o	o	o	o	o	o	o	o	o	o
Eisschnellauf			o	o	o	o	o	o	o	o	o	o	o	o	o	o	o	o	o	o
Eisstockschießen						x					x									
Freestyle																	x	xo	o	o

	1908	1920	1924	1928	1932	1936	1948	1952	1956	1960	1964	1968	1972	1976	1980	1984	1988	1992	1994	1998
Geschwindigkeitsfahren																		x		
Hundeschlittenrennen					x															
Militärpatrouillenlauf			x	x		x	x													
Nordischer Skisport			o	o	o	o	o	o	o	o	o	o	o	o	o	o	o	o	o	o
Rennrodeln											o	o	o	o	o	o	o	o	o	o
Short Track																	x	o	o	o
Skeleton				o			o													
Skijöring				x													x	o	o	o
Snowboard																				o
Winter-Fünfkampf							x													

o = Olympische Sportart; x = Demonstrationssport; ox = sowohl olympisch als auch Demonstrationssport

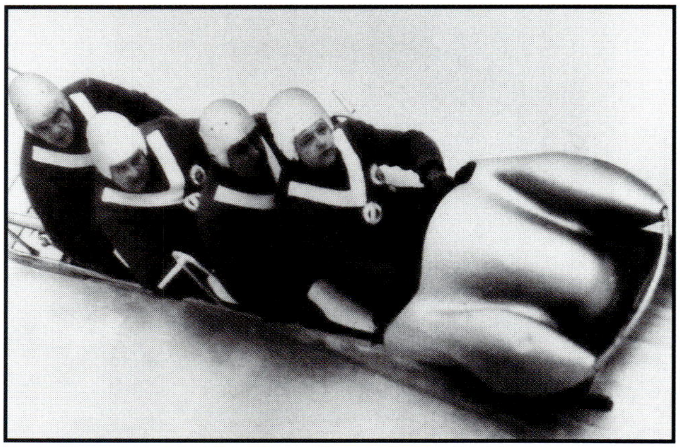

△ Eishockey-Skandal 1948 in St. Moritz: Das viertplazierte US-Team wurde nicht gewertet, weil sein Verband, die AHAUS, nicht Mitglied im amerikanischen NOK und damit laut IOC nicht teilnahmeberechtigt war.

▷ Die älteste Olympiasiegerin Raissa Smetanina gewann bisher auch die meisten Medaillen. Die Bilanz der Skilangläuferin von 1976–1992: 4 x Gold, 5 x Silber, 1 x Bronze.

△ Bobfahren ohne Gewichtsbegrenzung bis 1952. In Oslo nutzte dies letzmalig der deutsche Vierer mit Pilot Andreas Ostler. Seine Crew brachte 468 kg auf die Waage, 58 kg mehr als die Konkurrenz.

▷ Winterspiele 1972 in Sapporo: Der Österreicher Karl Schranz (Mitte) wird nach dem Training von den Wettbewerben ausgeschlossen. Der Bannstrahl des IOC traf ihn wegen unerlaubter Werbung für eine Kaffee-Marke.

Jan Hoffmann: 1968 in Grenoble Platz 26 von 28 Eiskunstläufern. Zwölf Jahre später gewinnt er die Silbermedaille.

▽ Matti Nykänen ist mit 4 x Gold und 1 x Silber der erfolgreichste Skispringer bei Olympia. Heute trägt der Finne den Namen seiner Frau: Paanala.

△ »Auf den Bildern bin ich so jung und nun eine Greisin«, so Maxi Herber, die 1936 in Garmisch-Partenkirchen mit ihrem Partner Ernst Baier ein Traumpaar bildete.

OLYMPIA-REKORDE

Der älteste	Olympiasieger	48 Jahre/357 Tage	J. Jay O'Brien (USA)	Bob	1932
	Medaillengewinner	49 Jahre/278 Tage	Max Houben (BEL)	Bob	1948
	Teilnehmer	53 Jahre/328 Tage	James Coats (GBR)	Skeleton	1948
Die älteste	Olympiasiegerin	39 Jahre/354 Tage	Raissa Smetanina (EUN)	Ski-Nordisch	1992
	Medaillengewinnerin	39 Jahre/354 Tage	Raissa Smetanina (EUN)	Ski-Nordisch	1992
	Teilnehmerin	45 Jahre/318 Tage	Edwina Chamier (CAN)	Ski-Alpin	1936
Der jüngste	Olympiasieger	16 Jahre/261 Tage	Toni Nieminen (FIN)	Ski-Nordisch	1992
	Medaillengewinner	14 Jahre/363 Tage	Scott Allen (USA)	Eiskunstlauf	1964
	Teilnehmer	12 Jahre/113 Tage	Jan Hoffmann (GDR)	Eiskunstlauf	1968
Die jüngste	Olympiasiegerin	15 Jahre/127 Tage	Maxi Herber (GER)	Eiskunstlauf	1936
	Medaillengewinnerin	15 Jahre/7 Tage	Manuela Groß (GDR)	Eiskunstlauf	1972
	Teilnehmerin	11 Jahre/74 Tage	Cecilia Colledge (GBR)	Eiskunstlauf	1932

die mit der Austragung der Spiele 1928 in Amsterdam beauftragt worden waren, das winterliche Pendant veranstalten? Das IOC hatte jedoch vorgesorgt: St. Moritz in der Schweiz sprang ein. Bei dieser Gelegenheit wurde auch eine maximale Dauer von acht Tagen festgelegt, woran man sich aber nie gehalten hat. Von 1932 bis 1964 dauerten die Winterspiele zehn, von 1968 bis 1984 zwölf und seit 1988 16 Tage.

Niemals, selbst dann nicht, wenn das IOC die Winterolympiade an sogenannte schneesichere Gebiete vergeben hatte, waren die Organisatoren gegen die Launen des Wetters gefeit. Unvergessen ist der 14. Februar 1928, als in St. Moritz durch einen Föhn-Einfall die Temperaturen von morgens drei Grad auf 25 in den Mittagsstunden anstiegen. Im 10 000-m-Eisschnellauf war gerade das fünfte Paar unterwegs, als die Jury beschloß, das Rennen abzubrechen und zu wiederholen. Doch bis zum Schlußtag kam kein Frost mehr, so daß der Wettkampf ohne Wertung blieb – das einzige Mal übrigens, daß es keinen Sieger gab. Zur gleichen Zeit sahen sich die Langläufer über 50 km vor kaum lösbare Wachsprobleme gestellt. Mehr als ein Viertel des Feldes gab auf; am Ende siegte der Schwede Per Erik Hedlund mit über 13 Minuten Vorsprung.

Einmalig auch die Verlängerung der Winterspiele 1932 in Lake Placid. Nachdem man mit Mühe und Not die nordischen Skiwettkämpfe, an denen die Amerikaner nicht interessiert waren, über die Bühne gebracht hatte, indem man lastwagenweise Schnee aus höheren Regionen heranschaffte, endeten die Winterspiele im Regen, was die Austragung der Vierebobrennen verhinderte. Doch noch während der Abschlußzeremonie, bei der die Medaillen verliehen wurden, ging über dem Stadion ein für das Adirondack-Gebirge typischer Blizzard nieder, worauf die Temperaturen rapide sanken. Es wurde beschlossen, den Wettkampf doch noch auszutragen. In den nächsten beiden Tagen erlebten 14 000 Zuschauer den Nervenkitzel der »Zig zag«-Kurve, in der es im Training schwere Stürze gegeben hatte, und einen Sieg der USA.

Beim IOC blieben die Winterspiele lange ein ungeliebtes Kind. Nachdem es der britische Missionarssohn Sir Arnold Lunn geschafft hatte, die Anerkennung des alpinen Skisports durchzusetzen, begann der Streit um die Zulassung der Skilehrer, die vom IOC als Profis angesehen und deshalb bei der Premiere 1936 in Garmisch-Partenkirchen ausgeschlossen wurden. Als der Internationale Skiverband (FIS) das nicht länger hinnehmen wollte, strich das IOC für St. Moritz 1940 kurzerhand sämtliche Ski-Disziplinen und beschloß, Schaukämpfe in eigener Regie auszutragen. Da aber die Schweizer Organisatoren keine Anstalten in diese Richtung machten, entzog das IOC Anfang Juni 1939 St. Moritz die Winterspiele und vergab sie erneut an Garmisch-Partenkirchen. Letztlich fielen sie dem Zweiten Weltkrieg zum Opfer.

Das nächste Desaster folgte 1948 in St. Moritz, als die US-Amerikaner mit zwei Eishockeyteams anreisten. Das Organisationskomitee akkreditierte jenes, dessen Verband nicht dem NOK der USA angehörte, woraufhin dem gesamten Turnier, das bereits begonnen hatte, auf Betreiben von IOC-Vizepräsident Avery Brundage, einem reichen Bauunternehmer aus Chicago, der olympische Status entzogen wurde. Sieben Tage später revidierte das IOC seine Entscheidung und eliminierte lediglich die USA-Resultate.

Der Amateurstatus blieb das beherrschende Thema, nachdem Brundage 1952 IOC-Präsident wurde. Als erstes nahm er die Eiskunstläufer ins Visier. Als nach Innsbruck 1964 bekannt wurde, daß Marika Kilius und Hans-Jürgen Bäumler, die Zweitplatzierten, vorher einen Revue-Vertrag unterschrieben hatten, ordnete Brundage eine Untersuchung an, deren Urteil die beiden aber zuvorkamen: Auf Anraten von NOK-Präsident Willi Daume gaben die Deutschen mit Rücksicht auf Münchens Olympia-Kandidatur für 1972 ihre Medaillen freiwillig zurück.

Danach begann Brundage seinen Krieg mit der FIS, der 1968 in Grenoble eskalierte, wo Jean-Claude Killy vor den Spielen einen Millionenvertrag mit dem Vermarkter Mark McCormack abgeschlossen hatte. Zu seinem Lieblingsfeind erkor Brundage FIS-Präsident Marc Hodler, dem es 1968 noch einmal gelang, Brundage das Entfernen der Herstellermarken auf den Ski auszureden. Allerdings war es den Athleten eine Zeitlang nicht mehr erlaubt, mit ihren Brettern vor den Kameras zu posieren. Als »widerliches Krebsgeschwür«, das ohne Verzögerung entfernt werden müsse, bezeichnete Brundage bei der Eröffnung der IOC-Session von 1970 den alpinen Skisport. Das war ein Vorgeschmack auf die Winterspiele von Sapporo, von denen Österreichs Riesenslalom-Weltmeister Karl Schranz ausgeschlossen wurde – offiziell aufgrund einer Kaffee-Reklame und nicht etwa, weil er sich in Interviews freimütig zum Thema Geldverdienen geäußert und Brundage als »IOC-Greis« verspottet hatte. Schranz wurde zum Sündenbock und hoffte vergeblich auf die Solidarität seiner Rennfahrer-Kollegen.

Garmisch-Partenkirchen 1936 und Oslo 1952 waren mit jeweils über einer halben Million verkaufter Eintrittskarten enorme Publikumserfolge, der große Aufschwung der Winterspiele sollte aber erst noch kommen – mit dem Fernsehen. »Wir sind sechzig Jahre ohne Fernsehen ausgekommen und werden es sicher auch noch weitere sechzig Jahre schaffen«, hatte Brundage 1956 in Cortina gesagt. Dennoch ging RAI auf Sendung, wofür der Fernsehsender vom Organisationskomitee eine Unterstützung von zehn Millionen Lire kassierte. Vier Jahre später zahlte CBS erstmals für die TV-Rechte: 50 000 Dollar. Aber erst mit Amtsübernahme des derzeitigen IOC-Präsidenten Juan Antonio Samaranch wurden die Winterspiele endgültig zum »Dukatenesel«. Mit der 1984 auf Wunsch des Fernsehens beschlossenen Verlängerung auf 16 Tage stieg der Preis der TV-Rechte um mehr als das Dreifache (1988 in Calgary 309 Millionen Dollar). 1986 folgte das IOC dann beinahe einmütig, bei nur zwei Gegenstimmen, dem Vorschlag, einen eigenen Zyklus für die Winterspiele einzuführen und diese statt, wie bisher, im selben Jahr ab 1994 im jeweils zweiten nach den Sommerspielen auszutragen. Damit konnten die Preise nochmals in die Höhe getrieben werden. Der Ertrag von Nagano 98 belief sich auf 513 Millionen Dollar, was ein Drittel des Gesamt-Budgets ausmachte.

Mehr TV-Übertragungen verlangten aber auch ein größeres Wettkampf-Programm, weshalb krampfhaft nach neuen Sportarten gesucht wurde. Seit 1984 stieg die Zahl der Disziplinen von 39 auf 68 in Nagano. 1988 und 1992 stopfte man den Zeitplan außerdem mit Demonstrationssportarten voll.

Noch 1960 gelang es Squaw Valley, sich die Kosten für den Bau einer Bobrennbahn zu sparen, in dem man das IOC davon überzeugen konnte, es bestehe nicht genügend Interesse. Mit dem *big business* stiegen aber auch die Ansprüche der Sportverbände, die sich nun nicht mehr mit Naturbahnen und Freiluftanlagen zufrieden gaben. Gleichzeitig verschärfte sich die Konkurrenz unter den kandidierenden Städten: Für 1992 bewarben sich nicht weniger als sieben, um 1998 buhlten fünf, für 2002 neun beim IOC. Immer neue Disziplinen erforderten zusätzliche Wettkampfstätten, was zu einer Kostenexplosion und schweren Eingriffen in die Natur führte. Als Denver mit den Winterspielen von 1976 betraut wurde, stimmte bei einem Referendum Ende 1972 die Mehrzahl der Bevölkerung aus diesem Grund gegen weitere Zuschüsse aus Steuermitteln, worauf das Organisationskomitee das Austragungsrecht ans IOC zurückgab. Zum Glück sprang Innsbruck ein, wo man auf viele Anlagen von 1964 zurückgreifen konnte. Einen Tiefpunkt bedeutete auch das dezentralisierte Konzept von Albertville 1992, das Umweltschützer als ökologisches »Negativbeispiel« beklagten. 1994 in Lillehammer aber legte man mehr Sensibilität an den Tag, und es gelang, Mensch und Natur wieder miteinander zu versöhnen.

Seit die Winterspiele existieren, werden sie diskutiert. 1967 kam die Idee auf, sie zu reformieren und Hallen-Sportarten zu integrieren wie 1908 in London. Doch die Anfrage bei den Sommersport-Föderationen brachte nur ein Ergebnis: kein Interesse. So blieb es bei der offenbar idealen Mixtur von Schnee, Eis und (olympischem) Feuer. □

Mizuno
VIKING
K2

Nach über hundert Jahren klappte es doch noch

Erfindergeist, Materialschlachten und ein kaiserliches Patent

Bobs sind Schlitten mit vier Kufen (ein Paar Vorderkufen und ein Paar Hinterkufen), mit denen auf vereisten Bahnen Rennen ausgetragen werden. Zum Antrieb des Bobs sind nur die Schubkraft der Mannschaft beim Start und die Wirkung der Erdschwere zugelassen.« Der Internationale Bobsport-Verband (FIBT) hatte Gründe, seinen Sport so zu definieren. Gerade die Veränderungen im Bobsport zeigen deutlich, wozu Erfindergeist in der Lage ist: eine stürmische Entwicklung von einer rudimentären Konstruktion zur Stromlinienförmigkeit.

Am Anfang war die Tat. 1888/89 koppelte der New Yorker Kurgast Stephen Whitney in Davos zwei der niedrigen »Americas«-Schlitten, die erstmals 1887 aufgetaucht waren und ihre Überlegenheit gegenüber den »Davosern« bewiesen hatten, zusammen. Er verband sie durch ein verschraubtes Liegebrett, wobei er den vorderen, mit Hilfe eines Bolzens lenkbar gemachten Schlitten als Steuer verwendete. Der erste »bob-sled«, nach damaliger Einschätzung »a very dangerous machine to ride«, hatte seine Premiere auf der Straße nach Klosters.

Der große Bob-Boom setzte nach der Jahrhundertwende ein, und in schneller Folge lösten sich nun die Modelle ab: Dem Bob von August Hartkopf aus Davos folgte 1906 der Bachmann-Schlitten, der auf ein Patent des französischen Ingenieurs Roessinger zurückging. Die Seilsteuerung wurde durch ein Steuerrad ersetzt. Es gab Einerbobs, aber auch solche, auf denen ein Dutzend Mitfahrer sitzen konnte. In den 30er Jahren war es dann der Schweizer Konstrukteur Carl Feierabend, der eine neue Schlitten-Generation mit der von ihm entwickelten U-Kufe auf den Markt brachte. Diese wurde Anfang der 50er Jahre abgelöst von einem Bob, den der Italiener Evaldo d'Andrea in seiner Schmiede in Cortina d'Ampezzo gebaut hatte und der erstmals eine hintere Kugellagerachse und eine Steuerhaube aufwies. In der Markenbezeichnung »Podar« sind die Anfangsbuchstaben des Namens des Konstrukteurs enthalten.

Seinem Kollegen Siorpaes gebührt das Verdienst, den ersten gelenkigen Bob gebaut zu haben. Er gliederte das Chassis in zwei quer getrennte Teile, wodurch es, aufgrund einer Verbindung zwischen beiden, fortan möglich war, mit allen vier Kufen jederzeit Kontakt mit dem Eis zu halten.

Eine Kampfansage an die Tüftler bedeutete vier Jahre später der Einstieg der DDR, die durch Meinhard Nehmer zweimal Gold gewann. Noch 1972 in Sapporo saßen die Athleten völlig »im Freien«; die einzige Knautschzone stellte das Chassis dar. Der DDR-Pilot fuhr zwar noch einen Podar-Siorpaes-Schlitten, doch mit Hilfe einer Segeltuchverkleidung, die nach dem Start wie eine Jalousie hochgezogen wurde, gelang es, die Stromlinie zu verlängern. Von dort war es nicht weit bis zur harten Verschalung der Seitenpartien, womit 1978 der Schweizer Silvio Giobellina begann. Der bundesdeutsche Opel-Bob, der für Olympia 1980 mit erheblichem Kostenaufwand gebaut und mit viel Vorschußlorbeeren bedacht worden war, erwies sich jedoch als Niete. Der Vierer war zwar schnell, aber, da kaum unter Kontrolle zu halten, auf der Bahn von Lake Placid so gefährlich, daß er am Ende gar nicht erst eingesetzt wurde.

Mitte der 80er Jahre nahm die Entwicklung des Bobs die Form eines Wettrüstens an. Giobellina präsentierte 1982 eine Fiberglas-Karosserie, und die UdSSR konstruierte die »Zigarre«, die auch von den Schweizern kopiert wurde – doch der Erfolg hielt sich in Grenzen. In der DDR wurden in der Dresdner Flugzeugwerft unter militärischer Geheimhaltung Bobs mit gefederten Kufen entwickelt, auf denen Wolfgang Hoppe 1984 zweimal Olympiasieger wurde. Der Bob-Krieg begann, als die FIBT nach den WM von 1985 die gefederten Kufen verbot und die DDR die Einzelaufhängung ohne Federung einführte, was eine bessere Aerodynamik, Spurtreue und Gewichtsreduzierung um 20 kg zur Folge hatte. Die Entwicklung dieses Erfolgsschlittens ließ man sich fast zehn Millionen Mark kosten.

▷ **Blick in das Cockpit eines Fünfer-Bobs, vermutlich vor 1920 von der Genfer Firma Duffaud & Sting gebaut.**

Die FIBT versuchte, dieser Materialschlacht ein Ende zu setzen, um die Chancengleichheit der Länder so weit wie möglich zu wahren. 1990 wurde der Einheitsbob eingeführt, der mit Ausnahme des Kufensprungs kaum noch individuelle Abweichungen zuläßt. Trotzdem gehen die Experimente weiter, und inzwischen haben selbst Experten Schwierigkeiten, hinter die Geheimnisse der Konstrukteure zu kommen. So wurden zum Beispiel bei der Vierbob-WM 1997 in St. Moritz die Schweizer Bobs wegen Manipulationen an den Achsen, die aus einem durchgehenden geraden Stahlrohr bestehen müssen, disqualifiziert.

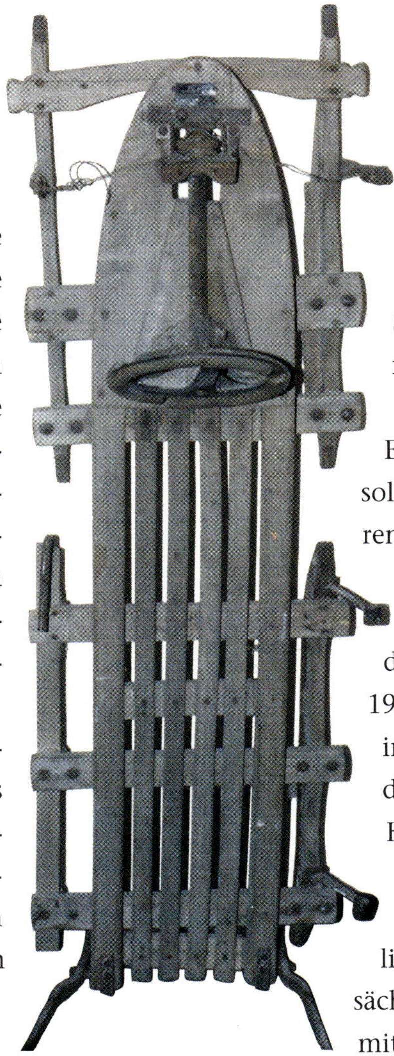

Als die Oberwiesenthalerin Ortrun Enderlein 1964 in Igls vor ihrer Trainingspartnerin Ilse Geisler erste Rennrodel-Olympiasiegerin wurde, hatte sie einen Vorsprung von 2,75 Sekunden. Inzwischen erfolgt die Zeitmessung bis auf drei Stellen hinter dem Komma, und mancher ist froh, wenn er, wie 1994 in Lillehammer der Berchtesgadener Georg Hackl – auf einer Länge von 5460 m – mit einem Vorsprung von 13 Hundertstelsekunden vor dem Österreicher Markus Prock Gold gewinnt.

Ortrun Enderlein fuhr noch mit Motorradsturzhelm und -brille. 1976 in Igls erschienen die DDR-Sportler erstmals mit einem Helm mit Vollvisier, der nicht mehr nur als Kopfschutz, sondern auch der Einhaltung der Stromlinie dienen sollte. Die bundesdeutsche Konkurrenz versuchte es mit bananenähnlichen Helmen, doch solche künstlichen Verlängerungen wurden bald verboten. Gelenkt wurde 1964 übrigens mit einem Seil, auf das inzwischen auch verzichtet wird, da die haltende Hand Luftwirbel bildet. Heute steuert man mit dem ganzen Körper.

Die DDR-Geräte für Olympia 1964 lieferte die Firma »Germania« im sächsischen Niederwiesa, die Holzkufen mit einer fast künstlerisch zu nennenden Schnitztechnik herstellte. Ein solcher Rennrodel hätte Nagano angesichts der hohen Geschwindigkeiten, die mittlerweile gefahren werden, gar nicht überstanden. Immerhin wirkt bei den höchsten Kurven ein Druck auf Schlitten und Besatzung ein, der einem Vierfachen der Erdbeschleunigung entspricht. Das sind bei einem Doppelsitzer, der zwischen 180 und 200 kg wiegt, mehr als 750 kg.

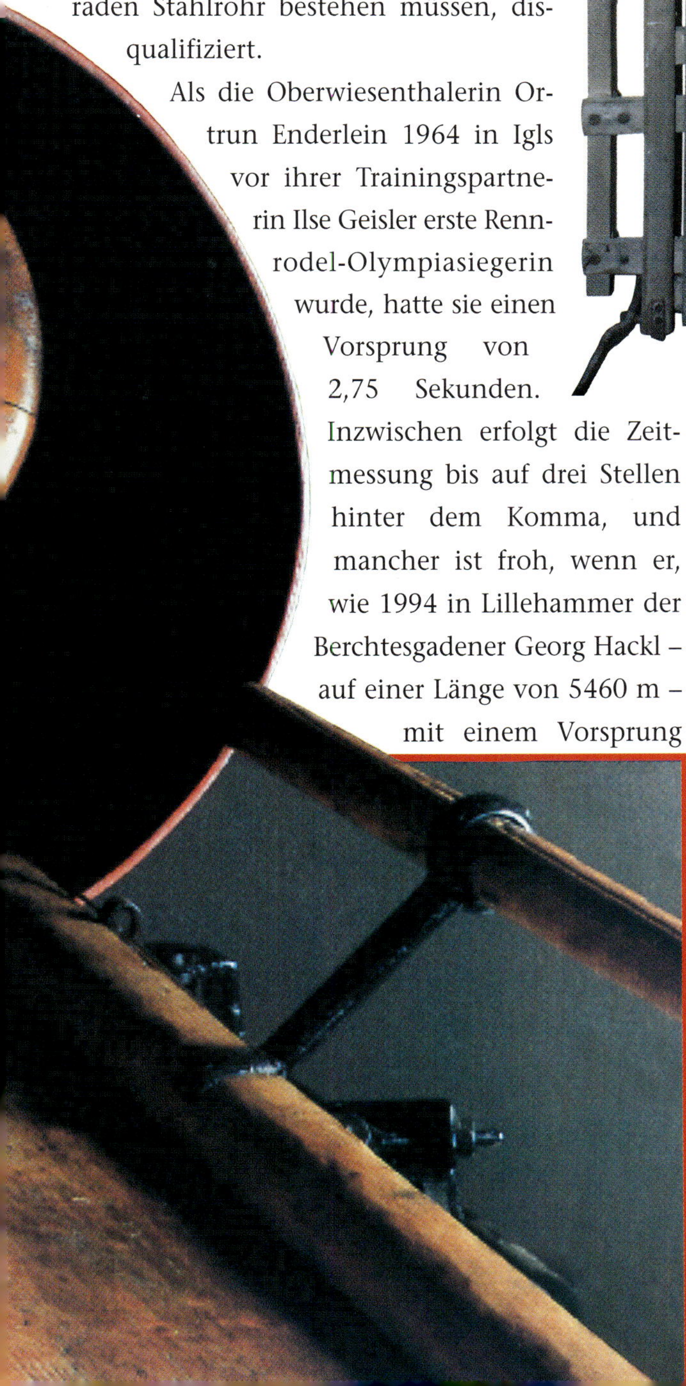

△ Lenkschlitten aus Holz um 1900, Herkunft: Bobsleigh Roessinger & Brevet , Schweiz.

Die Schlitten von heute bestehen aus Glasfaser und Plastik. Sie sollen sich wie eine Schlange durch den Eiskanal winden, daher hat auch das Holz wieder Einzug gehalten, um die Dämpfung zu verbessern und mehr Elastizität zu erreichen. Angesichts der engen Regeln der Internationalen Rennrodel-Föderation sind dem Einfallsreichtum der Erfinder jedoch Grenzen gesetzt. Es gibt zwar Variationen bei der aerodynamischen Verkleidung der Schlitten, Wanne genannt, aber die Tests im Windkanal ergaben keine gravierenden Unterschiede zwischen den verschiedenen Konstruktionen.

Tatsächlich können die entscheidenden Hundertstelsekunden nur noch an ganz wenigen Punkten herausgeholt werden. Am häufigsten experimentieren die Rennrodler an der Laufschiene der Kufe. Dabei handelt es sich um gezogenen Stahl mit einem hochwertigen und harten Gleitbelag. Doch unterschiedliche Bahnen und Temperaturen erfordern unterschiedliche Laufschienen. Optimierung heißt daher das Zauberwort beim Institut für Forschung und Entwicklung von Sportgeräten (FES), das in der DDR gegründet und dessen Fortbestehen im Einigungsvertrag festgeschrieben wurde. Die für Rennrodeln zuständige Außenstelle befindet sich am Oberhofer »Grenzadler«, wo die Schlitten den Athleten auf den Leib geschneidert werden. Die dazwischen liegende Haut liefert die Firma »Fespo« aus dem sächsischen Lichtentanne, die weltweit Rodler mit Rennanzügen, die aus einem textilen Gewebe bestehen müssen und nicht plastifiziert sein dürfen, versorgt.

◁ Alter Lappland-Ski mit Meerrohrbindung um 1888. Die Schuhspitze steckte in der Lederschlaufe und um den Absatz führte ein Stück Meerrohr.

Im alpinen Skisport geht es inzwischen relativ ruhig zu. Jahrelang herrschte Krieg zwischen den Ski-Firmen, und die Frage Metall, Holz oder später Plastik schien oft wichtiger als der Athlet, der auf den Brettern stand. Heute verwendet man Metall nur noch, um den Ski, deren Schaum- oder Holzkern von einem Glasfasermantel umgeben ist, eine höhere Steifigkeit zu verleihen. Als Marktführer hat sich die französische Firma Rossignol etabliert, gefolgt von Atomic (Österreich) und Amer (Norwegen). Dem deutschen Nationalteam steht ein ganzer Pool zur Verfügung, in dem sich mehrere Firmen befinden, so daß jeder Sportler eine für ihn günstige Marke wählen kann.

Eine Neuerung gab es anläßlich der WM von 1997, als im Riesenslalom der sogenannte »Race-carver« aufkam. Das ist ein Ski, der stärker tailliert ist. Da an seiner schmalsten Stelle, die mindestens 60 mm breit sein muß, das Minimum bereits erreicht war, wurden die Schaufel und das Ski-Ende verbreitert. Aufgrund dieser Veränderung können die inzwischen enger gesteckten Tore nahezu ungebremst durchfahren werden.

Gegen Überraschungen wie etwa die Ballonanzüge der österreichischen Skispringer Mitte der 70er Jahre hat sich der Internationale Skiverband (FIS) inzwischen mit einer Regel geschützt, wonach sämtliche Neuentwicklungen bis zum 1. Mai vor Beginn der neuen Saison anzumelden sind. Für die Dauer von einem Jahr werden sie dann provisorisch genehmigt, ehe eine endgültige Entscheidung fällt.

Im Vorfeld von Nagano war es der Klappschlittschuh, der die Gemüter am meisten erregte und die Medien zu einer Vielzahl von Wortneuschöpfungen inspirierte. In seinen Grundzügen schon 1985 von einer niederländischen Firma entwickelt, griffen zunächst nicht einmal die Holländer auf ihn zurück. 1994, vor den Winterspielen von Lillehammer, sorgte der norwegische »Wunder«-Schlittschuh »Mach-1« für Furore, bei dem der Fuß in einer paßförmigen Schale steckt. Er war aus Carbonfiber gefertigt, und die Laufschiene bestand aus einem Spezialstahl, so daß das Gewicht gegenüber den damals bekannten Modellen um 300 auf 420 g verringert werden konnte.

Aber ehe dieses Modell richtig einschlagen konnte, verhalf 1996 die Holländerin Tonny de Jong doch noch dem Klappschlittschuh zum Durchbruch; wohl auch, weil es ihr gelang, die Erfolgsserie der Erfurterin Gunda Niemann zu stoppen. Jetzt erst, nach über einem Jahrzehnt, war man gezwungen, sich mit diesem Gerät zu beschäftigen, das eine völlig neue Lauftechnik erfordert. Doch wenn sie erlernt ist, bedeutet das einen Geschwindigkeitsgewinn von bis zu zwanzig Prozent, was zu einer vorolympischen Weltrekord-Flut führte. Allein zwischen dem 6. November und 29. Dezember 1997 wurden die Weltrekorde nicht weniger als 18mal verbessert.

Die Deutschen hatten diese Entwicklung zunächst prächtig verschlafen – genaugenommen jedoch nicht: Es heißt, daß die Holländer, als sie den Klappschlittschuh patentieren lassen wollten, erfahren mußten, daß ihnen jemand zuvor gekommen war. Schon 1894 hatte der Würzburger Karl Hannes dieses Modell beim Kaiserlichen Patentamt eintragen lassen. Wie war das? Wer zu früh kommt … □

▽ **Schlittschuh um 1910. Die Kufen konnte man sich einfach unterschnallen.**

*Es begann mit dem Major auf dem »schi-gelende«**

Japans langer Weg zur Skisport-Nation

スキーゲレンデ*

Die ersten Ski brachte Major Theodor von Lerch, von 1910 bis 1912 österreichischer Militärattaché, nach Japan. In Niigata lehrte er das 58. Takata-Infanterieregiment, wie man sich die Bretter unter die Füße schnallte, um darauf die schneebedeckten Berge hinabzurutschen, und verewigte sich dadurch auf eine besondere Art und Weise im Bewußtsein des Volkes: Skigelände heißt auf Japanisch »schi-gelende«.

Der Wintersport zählt nicht zu den Traditionen Japans, das sich selbst 1603 eine 250 Jahre währende Isolation von der übrigen Welt auferlegt hatte. Die meisten Sportarten wurden auf den Archipel importiert, und viele Sportgeräte gelangten im Gepäck junger Japaner, die im Ausland studierten, ins Land. So führte zum Beispiel ein Doktor Nitobe 1890 das erste Paar Schlittschuhe aus den USA ein; den ersten Eisläufern, die man für verwestlicht hielt, begegnete man 1895 auf dem Suwa-See.

Der erste Wintersportverband Nippons war die 1925 gegründete Ski-Föderation, die in den folgenden zehn Jahren rasch auf 50 000 Mitglieder anwuchs. Die Zahl der Bretter wurde 1938 mit 600 000 angege-

◁ 365 Tage im Jahr Skilaufen – in Tokio ist das in einer Sporthalle mit einer 500 Meter langen Piste möglich.

ben. An den Olympischen Winterspielen beteiligte sich Japan erstmals 1928 in St. Moritz – mit einem Skispringer, der Letzter wurde, und fünf Langläufern, denen es Schwierigkeiten bereitete, sich auf den Ski zu halten. Der beste von ihnen brauchte für die 50-km-Strecke über eine Stunde länger als der siegreiche Schwede Per Erik Hedlund.

1936 vergab das IOC die Spiele der XII. Olympiade für 1940 an Tokio. Da damals damit das Recht verbunden war, auch die Winterspiele auszurichten, schlugen die Japaner dem IOC 1937 auf der Session in Warschau vor, diese hoch im Norden, in Sapporo, auszutragen. Der Deutsche Werner Klingeberg, der seit 1937 in Tokio lebte, übernahm die Organisation. Nach einem Entwurf von Olaf Helset, damals Präsident des Norwegischen Skiverbandes, wurde am Berg Okura die erste Schanze errichtet. 1937 kam auch der Berliner Architekt Stanislaus Zentzytzki, der schon die Olympiabobbahnen von 1932 und 1936 gebaut hatte, nach Sapporo. Der Nakajima-Park wurde zum Standort des Eisstadions und einer Halle gewählt, die man 1939 eröffnen wollte. Doch dazu kam es nicht. Japan, das sich seit Juli 1937 im Krieg mit China befand, gab am 14. Juli 1938 die Spiele zurück. Ein Jahr später begann der Zweite Weltkrieg. Die Niederlage war ein schwerer Schlag für die Japaner; erst nach und nach wurde sie, meist von den Jüngeren, auch als Befreiung vom Tenno-Staat verstanden. Zu Beginn des Wiederaufbaus gab es im arbeitswütigen Land anfangs wenig Gelegenheit, sich zu amüsieren. Niemand investierte in Sport oder Freizeit. Erst mit dem Wirtschaftswunder wuchs eine junge Generation heran, die bereit war, ihr Geld auch fürs Vergnügen auszugeben.

Im Wintersport gab die Seibu-Gruppe den Ton an. Zunächst beauftragte Yasujiro Tsutsumi seinen Sohn Yoshiaki damit, die Touristen nach Karuizawa zu locken, das zur Hälfte ihm gehörte. Der spätere »Kronprinz« des Imperiums, der immer ein begeisterter Sportler gewesen war, entschied sich dazu für den Eislauf, denn in der Umgebung von Karuizawa war es Tradition, im Winter auf den zugefrorenen Reisfeldern zu laufen. Gemeinsam mit Kommilitonen der Waseda-Universität, an der Yoshiaki Tsutsumi wie einst sein Vater studierte, machte er sich mit jugendlichem Enthusiasmus an die Arbeit, und am 7. Januar 1956 wurde in einem ehemaligen Hangar eine Eishalle eröffnet, für die man – da die Bahn tags zuvor noch nicht gefroren war – Kunsteisblöcke und Schnee herbeiholen ließ. Die Einweihung wurde ein Riesenerfolg; sogar der Bruder des Kaisers erschien. Yoshiaki Tsutsumi hatte seinem Vater 5 000 Besucher versprochen; am Eröffnungstag waren sie anwesend. Ihre Anreise aus Tokio organisierte man mit 600 Bussen. Am zweiten Tag kamen bereits 30 000. Neben der Halle baute Tsutsumi später eine 400-m-Bahn, auf der 1963 die Weltmeisterschaften stattfanden.

Die erste japanische Weltklasse-Athletin war Hatsue Takamizawa, die bei der Premiere des Frauen-Eisschnellaufs 1960 in Squaw Valley zwei fünfte Plätze belegte. Fünfter wurde 1964 auch Keiichi Suzuki, ein 500-m-Spezialist, der 1969 und 1970 die ersten japanischen Weltrekorde lief. Doch 1972, als er bei den Winterspielen von Sapporo den Olympischen Eid sprach, war er als 19. meilenweit von einer Medaille entfernt.

Japans erste olympische Winter-Medaille holte 1956 in Cortina d'Ampezzo ein Alpiner: Chiharu Igaya, der mit der Geschmeidigkeit einer Katze durch die Tore wedelte, wurde im Slalom Zweiter hinter Österreichs Toni Sailer. Der 24jährige Student war 1952 in Oslo schon Elfter gewesen und hatte seine Anwartschaft auf Olympia-Silber zwei Wochen vorher mit Rang sechs beim Hahnenkamm-Rennen von Kitzbühel angemeldet. 1982 holte Samaranch Igaya ins IOC; 1987 gelang dem Japaner erstmals der Sprung in die Exekutive.

Für 1972 bekam Sapporo 1966 ein zweites Mal die Olympischen Winterspiele zugesprochen. Mit staatlichen Subventionen in Höhe von 1,707 Milliarden Yen und beträchtlichen Spenden der Nationalen Eisenbahngesellschaft, von Nippon Telegraph, Japan Monopoly Corporation und der Telephon Public Corporation wurde auf Hokkaido ein Wintersport-Zentrum mit dem Makomanai-Park als Mittelpunkt errichtet.

Bereits im Rahmen der Vorbereitung der Sommerspiele von Tokio 1964 war in Japan das Fördersystem der »an Unternehmen angegliederten Amateure« ausgearbeitet worden. Ein typischer Fall war der Skispringer Yukio Kasaya, der 1966, nach der Vergabe der Winterspiele an seine Heimatstadt Sapporo, zusammen mit seinem Bruder und Trainer Akio vom Whiskey-Hersteller Nikko als kaufmännischer Berater angestellt wurde. Unter Akios Leitung begann der Aufstieg der japanischen Schanzen-Piloten. Jahrelang waren ihre Sprünge auf Video aufgenommen worden. So gelang es, Fehler abzustellen und eine völlig neue Art des Absprungs zu entwickeln. Der erste Erfolg gelang bei den Ski-WM 1970 in Strbske Pleso: Kasaya wurde auf dem Normal-Bakken Zweiter. Bei der Vierschanzentournee von 1971/72 glänzte er dann mit weiten Flügen und schöner Haltung. Nachdem er dreimal hintereinander gewonnen hatte, reiste er vorzeitig ab und verzichtete auf den Gesamtsieg, um sich an einer nationalen Qualifikation auf der Miyanomori-Schanze von Sapporo zu beteiligen. Doch im ersten Durchgang stürzte er, womit sein Nimbus, mit 10 000 Trainingssprüngen seit 1966 den Aufsprung so perfektioniert zu haben, daß er nicht mehr stürzen könne, zerstört war.

Kasaya trug die Bürde des Favoriten ohne zu murren, und als auf der Miyanomori-Schanze die Olympiamedaillen vergeben wurden, demütigte er zusammen mit seinen Kollegen Akitsugu Konno, der Silber gewann, und Seiji Aochi auf Rang drei die ausländische Konkurrenz. Auch auf der Großschanze erwartete man von ihnen Wunderdinge, denn niemand kannte die Winde, die vom Meer herüberwehten, so gut wie sie. Doch es kam anders: Als der schmächtige Pole Wojciech Fortuna im ersten Durchgang von einer Windböe auf 111 m getragen wurde, soll Kasaya die Zigarette aus dem Mund gefallen sein. Er indes hoffte vergeblich auf den Wind und wurde nur Siebter.

Die Hoffnung, Sapporo würde die große Intitialzündung werden, erfüllte sich nicht. Die Strukturen des japanischen Leistungssports blieben uneffektiv. Ab und zu schob sich ein Skispringer an die Spitze, mit den Eissprintern war regelmäßig zu rechnen, und als Katarina Witt zurücktrat, trat die Sprungkünstlerin Midori Ito 1989 kurzzeitig deren Erbe als Weltmeisterin an. Später verlagerten sich die Erwartungen auf das Team der Nordisch-Kombinierten, das bei der Firma Kitano Construction angestellt ist. Deren Präsident, Tsuguto Kitano, ist einer der Gönner des japanischen Wintersports und Chairman der Nagano Ski Federation.

Der Boom des Skilaufens als Massensport ist jedoch mit einem Namen verbunden: mit Yoshiaki Tsutsumi. Er begann 1967 mit dem Ausbau des Skigebiets Naeba, das 1975 so weit fertiggestellt war, daß die FIS dort einen Weltcup austragen konnte. Doch damals mußte er auf Befehl seines Vaters seine ehrgeizigen Ziele für zehn Jahre zurückstellen, schließlich, 1984, stieg die Seibu-Gruppe groß ein und kaufte das Bergland entlang der Eisenbahnlinien Tsutsumis, um Skigebiete und Golfplätze daraus zu machen. Allein auf Hokkaido existieren heute über 140 Skihänge, um Nagano herum mehr als hundert. Die Zahl der aktiven Läufer wird mit 16,7 Millionen angegeben. Tsutsumi, dessen Konzern 75 Prozent der Ski-Produktion kontrollieren soll, wurde zur einflußreichsten Person des japanischen Sports. Er begann 1973 als Präsident des nationalen Eishockeyverbandes und übernahm später auch die Leitung der Ski-Föderation. 1989, ein Jahr nach dem unbefriedigenden Abschneiden bei den Olympischen Spielen in Seoul, trennte sich das NOK Japans (JOC) von der JASA, der Amateur-Sportvereinigung, und Tsutsumi wurde kurzzeitig Präsident des Komitees. 1992 in Albertville war er Chef de Mission seines Teams.

Lange blieben japanische Wintersport-Erfolge seltener als Schneefall in Tokio, doch die Japaner sind gelehrige Schüler. Nagano 98 war nicht ihr letztes Wort. □

Als die Japaner 1928 erstmals an Winterspielen mit sechs Sportlern teilnahmen, hatten sie noch Schwierigkeiten, sich auf den Brettern zu halten. Sakuta Takefushi benötigte eine Stunde und 16 Minuten mehr als der Sieger aus Schweden.

△ Sorgte 1936 für Aufsehen: Eishockey-Torw Teiji Honma, der Mann mit der Gittermask

▽ Chiharu Igaya, heute Mitglied des IOC, gewann 1956 die erste Olympiamedaille ei japanischen Wintersportlers.

JAPANS WINTER-OLYMPIAMEDAILLENGEWINNER (1928–1994)

ALPINER SKISPORT	Chiharu Igaya	1956	Slalom	Silber
EISKUNSTLAUF	Midori Ito	1992	Damen	Silber
NORDISCHER SKISPORT	Masaharu Abe	1994	Nordische Kombination, Team	Gold
	Seiji Aochi	1972	Skispringen, Einzel	Bronze
	Masahiko Harada	1994	Skispringen, Team	Silber
	Noriaki Kasai	1994	Skispringen, Team	Silber
	Yukio Kasaya	1972	Skispringen, Einzel	Gold
	Akitsugu Konno	1972	Skispringen, Einzel	Silber
	Takanori Kono	1992	Nordische Kombination, Team	Gold
		1994	Nordische Kombination, Team	Gold
			Nordische Kombination, Einzel	Silber
	Reiichi Mikata	1992	Nordische Kombination, Team	Gold
	Jinya Nishikata	1994	Skispringen, Team	Silber

Als einzige Eiskunstläuferin gewann Midori Ito für Japan eine olympische Medaille.

△ 1972 fanden die Winterspiele erstmals in Japan statt. In Sapporo belegten im Skispringen von der Normalschanze Akitsugu Konno, Yukio Kasaya und Seiji Aochi (von links) die ersten drei Plätze.

Nippons erfolgreichster Winter-
ympionike war bis 1998 der Nordisch-
›mbinierte Takanori Kono (2 x Gold,
: Silber). Sein Trainer-Diplom erwarb er
›rigens an der Sporthochschule in Köln.

△ Viermal im Winter als Eisschnellläuferin und dreimal im Sommer als Radsprinterin dabei: Seiko Hashimoto. Ihre Sternstunde erlebte die heutige Parlamentsabgeordnete 1992 in Albertville – Bronze über 1 500 m.

NORDISCHER SKISPORT	Kenji Ogiwara	1992	Nordische Kombination, Team	Gold
		1994	Nordische Kombination, Team	Gold
	Takanobu Okabe	1994	Skispringen, Team	Silber
	Hirokazu Yagi	1980	Skispringen, Einzel	Silber
EISSCHNELLAUF	Seiko Hashimoto	1992	1500m	Bronze
	Manabu Horii	1994	500m	Bronze
	Junichi Inoue	1992	500m	Bronze
	Yoshihiro Kitazawa	1984	500m	Silber
	Akira Kuroiwa	1988	500m	Bronze
	Toshiyuki Kuroiwa	1992	500m	Silber
	Yukinori Miyabe	1992	1000m	Bronze
	Hiromi Yamamoto	1994	5000m	Bronze
SHORT TRACK	Yuichi Akasaka	1992	Staffel	Bronze
	Tatsuyoshi Ishihara	1992	Staffel	Bronze
	Toshinobu Kawai	1992	Staffel	Bronze
	Tsutomu Kawasaki	1992	Staffel	Bronze

WHITE RING, Eiskunstlaufen und Short Track

M-WAVE, Eisschnellaufen

SPIRAL, Bobsport und Rennrodeln

DAS »LANGE FELD«

Nagano, was »langes Feld« bedeutet und 221 km nordwestlich von Tokio liegt, hieß bis 1896 Zenkoji. Der Ort war über viele Jahrhunderte eine der wichtigsten religiösen Kultstätten Japans. Vor 1350 Jahren wurde dort erstmals ein Tempel errichtet. Bedeutung erhielt die Stadt 1868 während der Meiji-Restauration, als man hier per Regierungsbeschluß die Seidenspinnerei ansiedelte. Nagano, das heute 360 000 Einwohner hat, wurde zum Mittelpunkt der gleichnamigen Präfektur. Die Stadt ist vor allem ein Zentrum der Elektronik und der Druckindustrie. Bekannt wurde sie auch durch ihre landwirtschaftlichen Produkte. Die Apfelblüte, Ringo genannt, ist eines ihrer Symbole.

Für den Tourismus wurde die bergreiche Region durch den englischen Bergbauingenieur William Gowland entdeckt, der den Begriff der Japanischen Alpen prägte, nachdem er 1878 den höchsten Berg der Hida-Kette nördlich von Nagano, den 3180 m hohen Mt. Yarigatake, bestiegen hatte. Über hundert Berge von 2500 m Höhe und mehr wurden kartographiert. Die Japanischen Alpen, in Nord-, Zentral- und Südalpen (Hida, Kiso und Akaishi) eingeteilt, liegen westlich des Fossa Magna (Großer Graben).

In der Präfektur Nagano leben 2,2 Millionen Japaner. Es gibt 120 Kommunen, davon 17 größere und 36 kleinere Städte. Jährlich strömen etwa 100 Millionen Besucher in die Berge, die als das »Dach Japans« bezeichnet werden. Allein die Zahl der Ski-Touristen wird mit 17,2 Millionen angegeben.

Spür' die Faszination!

Das Winter-Olympia der Behindertensportler – auf den Spuren der »Fußgänger«

Von Armenien bis USA – 31 Teilnehmer-Länder bei den Winter-Paralympics in Nagano belegen, daß die Olympischen Spiele der Behindertensportler sommers wie winters längst ein globales Ereignis geworden sind. Lange Zeit in den Medien schamhaft verschwiegen und verdrängt, vom IOC ignoriert und behindert und in der Austragung örtlich und zeitlich von den Spielen der Nichtbehinderten – von den Rollstuhlfahrern »Fußgänger« genannt – getrennt, fallen allmählich auch die letzten künstlichen Mauern zwischen jenen Sportlern, die »normal« und denen, die etwas »anders« sind.

»No Limits!« hieß das Motto in Lillehammer – ein bißchen Hoffnung, ein bißchen Anspruch, ein bißchen Aufforderung. In Nagano gingen die besten behinderten Sportler unter dem Slogan »Paralympics! Catch the excitement!« an den Start. Spür' die Faszination! – da ist keine Betonung des Unterschiedes mehr. 1960 gab es die ersten Sommer-, erst 1976 im schwedischen Örnsköldsvik die Premiere der Winter-Paralympics. 14 Länder und 250 Athleten wetteiferten vor 22 Jahren auf Eis und in Loipen um die Medaillen, die wahrhaft olympischen Geist dokumentierten, aber nicht olympisch genannt werden durften. Nagano sieht in fünf Sportarten mit 34 Disziplinen und – auf Grund der 14 verschiedenen Schadensklassen – 205 Wettbewerben über 600 Athleten, darunter erstmals geistig Behinderte, und noch einmal so viele Begleitpersonen im Einsatz. Alpiner Skilauf, Langlauf, Biathlon, Eisschlittenrennen und Eisschlittenhockey – wirkliche Freunde des Sports werden respektvoll applaudieren und bewundern, wie weit voll austrainierte Athleten an und über Grenzen hinauszugehen in der Lage sind und wieviel mehr sie aus ihren, durch körperliche Beschränkungen bedingten Möglichkeiten machen, als dies die Mehrzahl der »Fußgänger« mit den ihren tut. Schönes Wortgeklingel? Nein! Da werden Biathlon-Sieger auch unter Blinden ermittelt, die in der Loipe Begleiter haben und für die am Stand über eine opto-elektronische Zelle per akustischem Signal hörbar gemacht wird, wo das Zentrum des anvisierten Zieles liegt. Abfahrts-Gewinner, die mit Tempo 120 steile Berghänge meistern, tun das bei den Paralympics auch einbeinig! Eishockey wird von querschnittsgelähmten Rollstuhlfahrern, in einem kleinen Schlitten sitzend, der mit kleinen Stöcken manövriert und beschleunigt wird, rasant und voller Einsatz gespielt! Das muß man einfach erleben, da muß man dabeisein.

In Nagano finden die Winter-Paralympics erstmals in Asien statt. Das Motto »Freundschaft und Wärme« ist exemplarisch – die Organisatoren verstehen es auf dem Weg ins neue Jahrtausend auch als einen Entwurf für eine Lebenskultur, die tatsächlich allen Mitgliedern der menschlichen Gesellschaft die Erfüllung ihrer Lebensträume und die Chance zur Entdeckung ihres Potentials ermöglicht. Längst sind es nicht mehr nur Grundsatzerklärungen, Absichten, Symbole und Maskottchen, die Brücken schlagen. Einstige »Fußgänger«-Klasseathleten unterstützen aktiv behinderte Sportler. So zum Beispiel Hippolyt Kempf, der Schweizer Olympiasieger in der Nordischen Kombination von 1988, der in Nagano zur Eidgenossen-Mannschaft gehört. »Eine spannende Sache, als Blindenführer und Betreuer wieder einmal bei so großen Meisterschaften mitzumachen«, sagt er. Spannend und zur Nachahmung empfohlen. Wobei für alle gleichermaßen gilt: Spür' die Faszination! □

MEMORY

PARALYMPICS

Der Behindertensport entwickelte sich nach dem Ende des Zweiten Weltkriegs, als sich Kriegsversehrte zu Vereinen zusammenschlossen; erst danach entdeckte ihn der Staat als sozialpolitische Aufgabe. Der Deutsche Behindertensportverband wurde 1951 gegründet. 1960 konstituierte sich die Internationale Organisation ISOD. Im selben Jahr fanden in Rom die ersten Behinderten-Weltspiele namens Paralympics – eine Wortkombination von »paralyse« (Lähmung) und »Olympics« – statt.
Vor den ersten Winter-Paralympics 1976 im schwedischen Örnsköldsvik machte sich Innsbruck um die körperbehinderten Athleten verdient. Die dritten Weltspiele 1984 in Innsbruck waren gleichzeitig die ersten unter dem Patronat des IOC, das sich jedoch bis heute mit dem Behindertensport schwer tut. Die Paralympics sind kein Bestandteil der Olympischen Winterspiele. 1984 und 1988 fanden jedoch ein Riesenslalom bzw. ein Riesenslalom und ein 5-km-Langlauf als olympische Vorführungen statt.

… FIND ICH GUT!

THOMAS OELSNER

27 Jahre alt, Student aus Oberhof, seit einem Motorradunfall im August 1991 gelähmter linker Arm, zuvor als Nichtbehinderter B-Auswahlkader im Skilanglauf. 1993 zweifacher Europameister, 1994 bei den Paralympics in Lillehammer dreimal Gold und zweimal Silber, 1996 bei den WM drei Titel im Skilanglauf und Biathlon.

»2300 und noch was« beim Wasa-Lauf

Im August 1991 schien nach meinem Motorradunfall und der daraus folgenden Lähmung des linken Armes alles vorbei. Das Aus für meine sportlichen Träume von Titeln und Medaillen im Skilanglauf, die ich seit 1986 an der Kinder- und Jugendsportschule in Oberhof gehegt hatte, und die drei Jahre später zum Greifen nahe waren, als ich als Ersatzmann des DDR-Teams zur Junioren-WM in Calgary fuhr! Aus! Aus? Nur zweieinhalb Jahre später feierten mich Tausende Zuschauer in Lillehammer als Olympiasieger – und das gleich mehrfach. Unfaßbar, wunderbar. Das Leben ist schön und macht Spaß. Paralympics-Gewinner zu sein, das bedeutet nicht nur den Sieg gegen die Kontrahenten, die sich ebenso hart, leidenschaftlich und motiviert auf den Wettkampf vorbereitet haben wie man selbst, das bedeutet auch den Triumph über Selbstmitleid, verschämtes Verstecken und Minderwertigkeitsgefühle.

Ein Jahr lang hatte ich nach dem Unfall Probleme, wieder zu mir selbst zu finden. Ohne meine alten Freunde aus dem Sport, die Langläufer, die Biathleten wie Frank Luck oder Mark Kirchner, mit denen ich zusammen zur Schule gegangen war, all die anderen, wäre ich vielleicht abgesackt. Für sie aber war ich der gleiche Thomas Oelsner wie der mit zwei intakten Armen. Als ich 1993 mit dem Langlauf-Bundestrainer der Behindertensportler Rolf Hettich ins Gespräch kam, da hatte ich auch wieder ein sportliches Ziel vor Augen. Dabei begann dieser Kontakt für mich mit einem Schock. Auf meine ehrliche Antwort auf Hettichs Frage, was ich denn noch mit meinem linken Arm anfangen könne – »Nichts, der hängt einfach nur so rum« –, reagierte der mit einem Freudenausbruch. Großartig und »voll günstig« sei das, bekam ich zu hören. Später konnte ich das nachvollziehen – ich war eine willkommene Verstärkung in einer schwach besetzten Schadensklasse. Ein paar Wochen danach potenzierte sich die Freude – ich wurde zweifacher Europameister. Selbstmitleid ist bei uns nicht üblich. Daß wir normal und gelöst über unsere Behinderungen reden können, gehört einfach zum Akzeptieren einer nicht mehr änderbaren Tatsache und zum Bewußtsein, daß wir trotzdem etwas leisten können.

Ich finde es gut, daß wir allmählich die Rolle des Feigenblatts verlieren, und das Mitleidsgetue abnimmt. Die Paralympics in Lillehammer wurden so großartig von den Zuschauern aufgenommen, daß ich noch heute manchmal davon träume. Die Leute wollten nicht weg-, sondern hinschauen und Beifall spenden für echte Leistung. Auch bei Nichtbehinderten-Wettkämpfen würde ich nicht Letzter werden wollen! 1995 beim Wasa-Lauf kam ich immerhin auf Platz »2300 und noch was« unter 9000 Startern durch's Ziel.

Jetzt träume ich davon, daß Mountainbike in das Programm der Sommer-Paralympics aufgenommen wird. Sydney 2000, das wär's doch!

EISSPORT

アイススポーツ

VIKING
NAGANO

フィギュアスケート

EISKUNSTLAUF

Die drei »Musketiere« auf dem Eis sind zur Siegerehrung aufgerufen (von links): Ilja Kulik (Gold), Elvis Stojko (Silber), Philippe Candeloro (Bronze)

Endlich olympisches Edelmetall! Der ganz große Traum war für Mandy Wötzel und Ingo Steuer zwar nicht in Erfüllung gegangen, dennoch waren sie erleichtert und restlos glücklich. Die Frage, ob sie sich nicht um ihren zweiten Platz betrogen fühlten, beantwortete Ingo Steuer nach der Energieleistung des Vier-Minuten-Vortrages: »Hauptsache, wir haben eine Medaille, welche ist mir egal.« Der Sprung aufs Olympiatreppchen – der Traum im Leben eines Sportlers. Für die Chemnitzer war es der versöhnliche Abschluß nach einer zweieinhalbmonatigen Leidenszeit: Am 8. Dezember des Vorjahres hatte Ingo Steuer bei einem Autounfall einen Sehnenriß in der rechten Schulter erlitten. Auf die Teilnahme an den Deutschen Meisterschaften und den europäischen Titelkämpfen mußten sie wegen des enormen Trainingsrückstandes verzichten. So geriet bereits das Kurzprogramm von Nagano nicht nur zum Kraftakt, sondern auch zur Zitterpartie. Steuer hatte es nur nach schmerzstillenden Spritzen durchhalten können. Vielleicht verhalf ihnen auch das Pech vieler Konkurrenzpaare zu einem verheißungsvollen Zwischenresultat. An jenem Abend jedenfalls schienen zunächst mehr Kunstläufer als Blumen auf das Eis zu fallen. Acht der ersten fünfzehn Paare kamen nicht ohne Sturz über die Runden. Genauso unsicher und wackelig in der Notengebung zeigte sich auch das Preisgericht. Vier der neun Unparteiischen wollten den russischen Europameistern Elena Bereschnaja und Anton Sikarulidse den Vorzug geben – trotz eines Sturzes beim dreifachen Toe Loop. So belegten Wötzel/Steuer nur mit einer knappen Mehrheit den zweiten Platz hinter Oksana Kasakowa und Artur Dimitrijew. Die Führenden nach dem Kurzprogramm hatten alle überrascht, schon beim ersten Training imponierte der dreißigjährige Dimitrijew mit neuer Leichtigkeit, und das im wahrsten Sinne des Wortes, denn der Mann aus St. Petersburg hatte vor den Spielen von Nagano reichlich abgespeckt. Vier Kilo weniger auf den Rippen machten das Leben in der Kür offenbar wesentlich angenehmer. »Wir sind auf alles eingestellt, brauchen vor keiner Schwäche Angst zu haben und müssen jetzt sehr emotional laufen, für das Publikum und für uns.«

Am Ende ihrer Darbietung, in der sie als Einzige fehlerfrei geblieben waren und für die sie auch die Traumnote 6,0 erhielten, war ein historischer Eintrag ins Buch der Eiskunstlaufhistorie nötig. Artur Dimitrijew ist der erste Mann, der mit zwei unterschiedlichen Partnerinnen olympisches Gold im Paarlaufen gewann. 1992 war er bereits mit Natalia Mischkutjonok in Albertville Olympiasieger geworden. Ein ebensolches Kunststück hatte Irina Rodnina, die erfolgreichste Paarläuferin aller Zeiten, vollbracht. Sie gewann Gold mit Alexej Ulanow 1972 und mit Alexander Saizew 1976 und 1980. »Fragen Sie die Preisrichter, warum wir nicht Zweite sind. Im letzten Jahr wurden wir Weltmeister, als wir kein gutes Programm gelaufen sind, heute waren wir gut, und wir sind Dritte. Fragen Sie die Preisrichter.« So die Reaktion von Ingo Steuer auf Fragen von Personen, die sie auf Platz zwei gesehen hatten und nicht Bereschnaja/Sikarulidse. Mit zeitlichem Abstand zur Kür hatte sich auch ein wenig Enttäuschung eingeschlichen. Trotz allem: Bronze ist ein Erfolg, und den können sie erstmal auskosten. Für die lukrativen Schaulauftourneen in Übersee sind sie auf Monate ausgebucht.

Hinter der Kulisse des Eistanzens ging es bereits vor den ersten Taktschlägen zu Tango und Walzer hoch her. Hauptakteure auf der Eisbühne in Nagano: Zwei Paare aus Moskau, die für Schlagzeilen wie »Die eiskalten Engel« oder »Kalter Krieg der Eistänzer« sorgten. Wahrscheinlich liegt es ja gerade daran, daß diese Disziplin seit ihrer olympischen Premiere 1976 Publikumsmagnet ist. Die schillerndste Figur ist die russische Eistänzerin Pascha Gritschuk. Ihre Lieblingsfarbe ist lila, das Haar hat sie platinblond gefärbt, der Nerzmantel ist Standardgarderobe. Als Idol gibt sie Sharon Stone an. Ihren alten Vornamen Oksana hat sie mit der Begründung abgelegt, daß ›Pascha‹ dem Wort ›Passion‹ sehr nahe kommt. Eine Demonstration völliger Hingabe. Jewgeni Platow ist allerdings weit mehr als der stille Partner im Hintergrund. Erst seine technische Klasse und seine Sicherheit bei komplizierten Hebefiguren verleihen dem Paar die souveräne Ausstrahlung. Ob ihr »Memorial Requiem« so unvergeßlich sein wird wie der »Bolero« von Jayne Torvill und Christofer Dean, wird die Zukunft zeigen. Dennoch wurde Eiskunstlaufgeschichte geschrieben: Gritschuk/Platow haben als erstes Eistanzpaar zweimal nacheinander bei Olympischen Spielen die Goldmedaille gewonnen. Pascha Gritschuks Gegenspielerin Anjelika Krylowa, nicht minder extravagant, war mit ihrem Partner Oleg Owsiannikow wieder einmal vergeblich gegen sie angerannt. Richtig lieb im Vergleich zu den russischen Paaren wirkten die Deutschen Meister Kati Winkler und René Lohse. Mit Platz zehn konnten sie ein unerwartet gutes Ergebnis erzielen.

RUDI CERNE

»Erst will ich den Olympiasieg und dann in einer Hollywood-Nacht den Oscar.«

Pascha Gritschuk, Rußland

AXEL

Gut zu erkennen, denn der Axel wird als einziger Sprung von vorwärts abgesprungen und erfordert somit eine halbe Umdrehung mehr als die anderen Sprünge, da die Landung immer in Laufrichtung rückwärts erfolgt. Ist ja klar, denn bei einer Vorwärtslandung wäre die Zacke der Kufe im Wege. Das gäbe ein böses Erwachen. Übrigens, der Erste, der den Axel bei einer WM dreifach sprang, war der Kanadier Vern Taylor – 1978 in Ottawa – das brachte ihm sogar einen Eintrag ins Guinness Buch der Rekorde ein. Ich habe es damals auch probiert. Leider endete dieser Versuch mit einem Sturz.

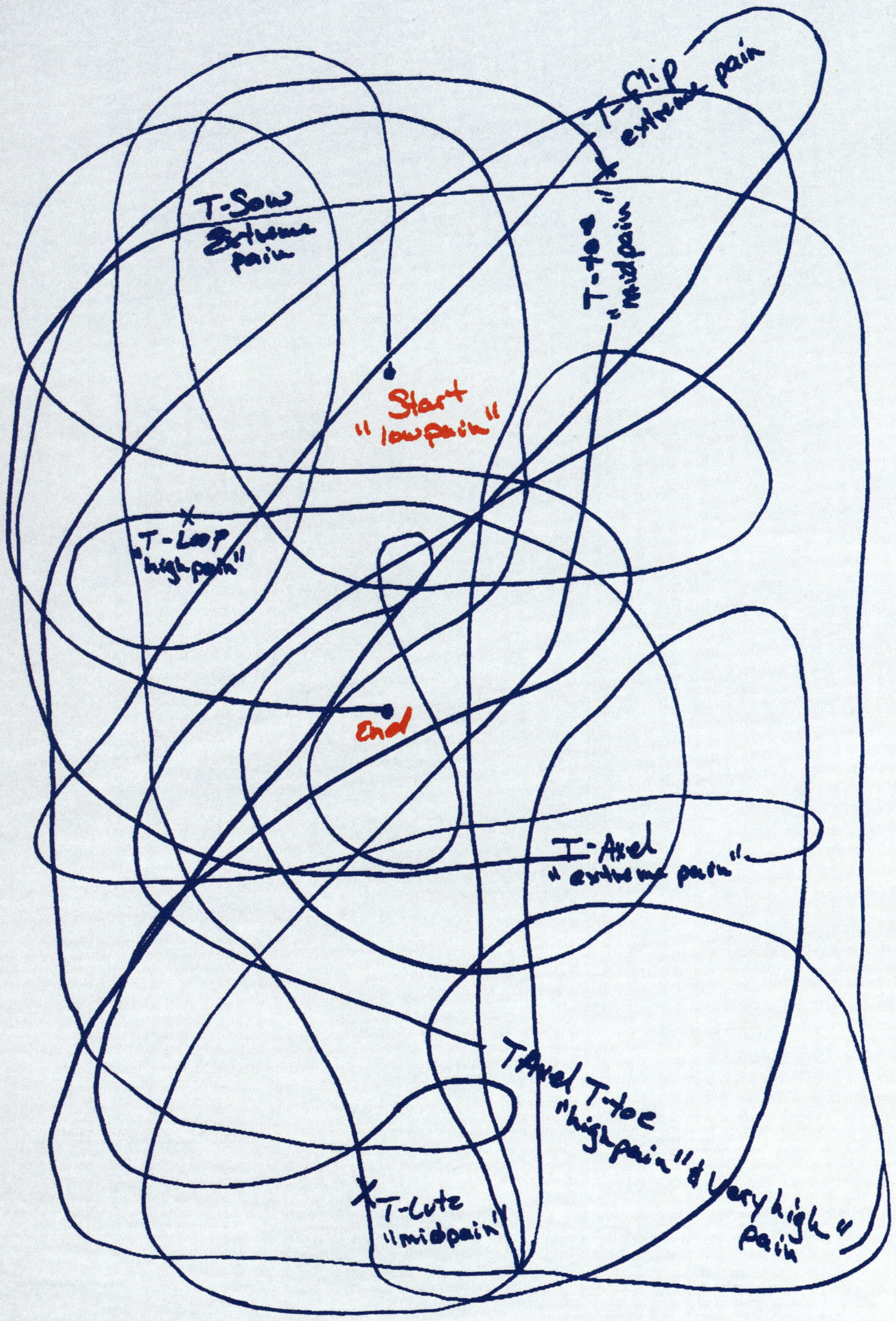

Er sprang nicht nur einen Winter. 7–2–2. Das sind die »Platzziffern« von Elvis Stojko bei seinen drei olympischen Auftritten von 1992–1998. Für Nagano hat ganz Kanada ihm Gold gewünscht. Eine schmerzhafte Adduktorenzerrung verhinderte, daß der dreimalige Weltmeister seine Traumkür nach der Filmmusik »Der Geist und die Dunkelheit« zeigen konnte.

◁ Exklusiv für das Olympiabuch des Sportverlages zeichnete der Kanadier sein Kürprogramm. Erstes Erkennungsmerkmal: Die Eisbahn wird optimal ausgenutzt. »T« steht für Triple, also dreifache Ausführung der Sprünge. Sein Befinden während der vier Minuten langen Leidenszeit schilderte der »König der Sprünge« zwischen low, high und extreme pain.

SALCHOW

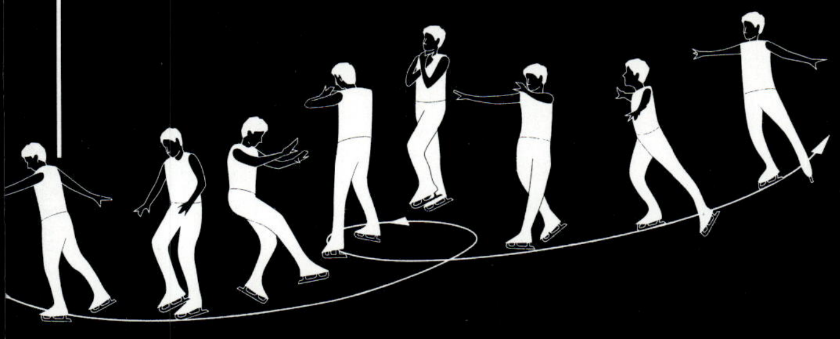

Ein Kantensprung. Wird aus einem ins Eis gezeichneten Dreier rückwärts einwärts abgesprungen. Ein Dreier ist ein Spurenbild aus dem früheren Pflichtlaufen. Mit dem Schlittschuh kann man nämlich durch eine halbe Drehung von vorwärts auswärts auf rückwärts einwärts, ohne dabei vom Eis abzuheben, eine Spur ins Eis zeichnen, die wie eine 3 aussieht. Als Junge hatte ich daran meine helle Freude. Später ging's mir auf den Wecker. Durch diesen rhythmischen Eingang ist nicht viel Vorbereitung möglich. Also, keine langen Ankündigungen. Eins – zwei und Absprung.

1

2

3

RITTBERGER

Wie der Salchow, ebenfalls ein Kantensprung, allerdings wesentlich kniffliger, denn diesmal erfolgt der Absprung rückwärts auswärts. Bei zu großer Schräglage kann die Ledersohle des Schlittschuhs aufs Eis aufsetzen und die Kufe förmlich aus der Spur hebeln, dann gibt's kein Halten mehr. Gutes Erkennungsmerkmal: Ab- und Aufsprungbein sind identisch. Den Erfinder dieses Sprungs – Werner Rittberger – habe ich persönlich kennengelernt. Anfang der siebziger Jahre schaute er in Krefeld schon mal beim Training vorbei. Klare Sache, daß dann alle nur noch den »Rittberger« trainierten.

4

5

6

Die Paarläufer sind die Schauspieler des Eiskunstlaufens. Auf ihrer gefrorenen Olympia-Bühne im White Ring tobte das Leben, wurde geliebt und gehaßt, gekämpft und gestorben.

Lassen Sie sich einfach verzaubern von Ina/Dungjen (1), Wötzel/Steuer (2), Kasakowa/Dmitrijew (3), Bereschnaja/Sikarulidse (4), Abitbol/Bernadis (5) und Chalturina/Krukow (6).

TOE LOOP

Der Toe Loop ist gewissermaßen eine Weiterentwicklung des Rittberger. Rittberger hatte seinen Sprung aus einer Verlegenheit heraus erfunden. In einer Schlinge (engl. loop), eine Pflichtfigur, war er aus dem Gleichgewicht gekommen und hatte sich mit einem leichten Hüpfer, alles auf einem Bein, wieder fangen können. Hätte er die Fußspitze (engl. toe) oder die Zacke des anderen Schlittschuhs zur Unterstützung genutzt, wäre es vielleicht zum offiziell getippten Rittberger gekommen. Der Toe Loop ist der leichteste Sprung. Durch das Eintippen mit der Zacke ist eine halbe Umdrehung schon absolviert, bevor es richtig losgeht.

Die Schöne: Michelle Kwan.

LUTZ

Charakteristisch ist ein Anlauf, der meist über die ganze Bahn führt. In dieser Vorbereitung, bei der ich zum Sprung hin im Uhrzeigersinn laufe, erfolgt dann der radikale Richtungswechsel im Moment des Einhackens: Drehung entgegen dem Uhrzeigersinn. Diesmal kann ich nicht, wie beim Toe Loop, mit einem Schritt in den Absprung hinein schon mal etwas Drehung vorneweg »mogeln«, sondern muß mit meinem Absprungbein ganz am Einhackbein vorbeifahren und kann erst dann mit der Rotation beginnen.
Ganz schön kompliziert. Um es vielleicht etwas einfacher auszudrücken: Erst wenn das Fahrwerk vom Boden gelöst ist, geht es los mit der Drehung.

EISPRINZESSINNEN

Die Eiskunstlauf-Gemeinde ist geteilt. Die einen bestaunen die 15jährige Texanerin Tara Lipinski. Mit ihrer einmaligen Kombination von zwei Dreifach-Rittbergern verlockte sie die Preisrichter zu hohen Noten. Andere wieder schwärmen von der eleganten Michelle Kwan. Die mandeläugige Eisprinzessin holte sich zwar die höchsten B-Noten, »aber leider reichte es nur zu Silber«, sagte die Kalifornierin und wischte eine Träne von der Wange. So stieg das Kind Lipinski bei den Damen zur jüngsten Eiskunstlauf-Olympiasiegerin aller Zeiten auf. Sie ist noch zwei Monate jünger als Sonja Henie (Norwegen) bei ihrem ersten Olympiasieg 1928. »Gerade das Eiskunstlaufen der Damen lebt von der Eleganz und Schönheit des Ausdrucks«, meint Kufen-Lady Katarina Witt. Die Chemnitzerin ist deshalb nicht nur wegen ihrer zwei Olympiasiege (1984/ 1988) immer noch unerreicht. Tara wird es wenig stören. Sie hat ihre Möglichkeiten voll genutzt. »Schon jetzt«, so verriet ihr Trainer Richard Callaghan stolz, »ist Tara Millionärin.« Sie wirbt im Fernsehen für Zucker, Säfte und Cornflakes. So kann der nur 1,53 m große und 35 Kilogramm schwere »Eisteufel« beruhigt in die Zukunft sehen.

Das Kind: Tara Lipinski.

FLIP

Auch der Flip hat einen Vorgänger. Für viele ist er immer noch ein getippter Salchow. Und so sollte er auch von der Einwärtskante abgesprungen werden. Daran hält sich allerdings kaum einer. Fast alle Läufer nutzen nämlich eine leichte Außenverkantung, um im Augenblick des Absprungs förmlich vom Eis zu schnellen. Das hat sich mittlerweile soweit durchgesetzt, daß kaum ein Preisrichter etwas dagegen einzuwenden hat. Außerdem erfolgt der Kantenwechsel so blitzschnell, daß ihn kaum jemand erkennen kann.

RUDI CERNE

Zwei deutsche Eistänzer mit vielversprechender Zukunft: Kati Winkler/Rene Lohse

Heiße russische Show zweier Exzentriker: Pascha Gritschuk/ Jewgeni Platow

EISKUNSTLAUF

Mit seinen steinzeitlichen Wurzeln zählt der Eislauf zu den ältesten Sportarten. Anfangs wurden kantig zugeschliffene Knochen unter die Füße geschnallt, im 13. Jahrhundert kam in Holland der Holzschlittschuh mit einer Eisenschiene auf. Der Schlittschuh aus Stahl ist eine amerikanische Erfindung des 19. Jahrhunderts, und es war auch ein US-Amerikaner namens Jackson Haines, der die Europäer inspirierte. 1868 zeigte er in Wien in Anwesenheit des österreichischen Kaisers seine läuferischen Kunststücke. An der Donau wurden 1882 vom Wiener Eislauf-Verein auch die ersten Wettkämpfe organisiert. Neben den Österreichern waren es vor allem Briten, Skandinavier, Deutsche und Russen, die die Entwicklung bestimmten. Ab 1891 wurden Europa-, seit 1896 Weltmeister ermittelt. Der Eiskunstlauf ist die älteste olympische Wintersportart: Medaillen wurden erstmals 1908 in London vergeben. Zum Einzel- und Paarlauf kam 1976 als vierte Disziplin der attraktive Eistanz hinzu.

DENISE BIELLMANN

... FIND ICH GUT!

35 Jahre alt, Profi-Eiskunstläuferin aus Volketswil (Schweiz), Olympia-Vierte 1980, Welt- und Europameisterin der Amateure 1981, zehnmal Profi-Weltmeisterin. Berühmt geworden unter anderem durch die Biellmann-Pirouette.

Der Genuß eines tollen Körpergefühls

Wenn ich heute in meine Kindheit zurückblicke, dann muß ich feststellen, daß ich dem Eiskunstlaufen wohl kaum entgehen konnte. Meine Mutter Heidi, selbst sehr erfolgreich auf den Kufen, hat mich und meine Schwester oft zum Training mitgenommen. An der frischen Luft und mitten im Wald haben wir gespielt, während sie ihre Sprünge, Schritte und Pirouetten übte. Als Fünfjährige habe ich begonnen, nachzumachen, was ich auf dem Eis sah. Das endete meist mit Bodenkontakt, wurde aber allmählich immer besser. Das sah doch so leicht aus – warum sollte ich das nicht hinbekommen?

Mit sieben Jahren begann ich zu trainieren, eine halbe Stunde pro Tag vielleicht. Irgendwie bin ich fast unmerklich in den Sport hineingewachsen, und dann hatte ich als achtjähriges Nesthäkchen schon meinen ersten internationalen Wettkampf gewonnen! 13 war ich, als ich bereits fünf verschiedene Dreifach-Sprünge beherrschte und damit unter meinesgleichen der Zeit ein gutes Stück voraus war. Denn das brachten damals nur die Männer zustande. Ich träumte davon, Weltmeisterin zu werden – 1981 in Hartford war es soweit. Im Grunde veränderte sich für mich danach als Profi- und Revueläuferin wenig. Die lästige Pflicht war ich los, eine Genugtuung! Doch was blieb, war die Freude am Eislaufen, das tolle Körpergefühl, die Möglichkeit, Musik in Bewegungen umzusetzen, auf Schlittschuhen tänzerisch und mit Sprüngen eine Geschichte zu erzählen.

Es gibt bis heute nichts, was ich lieber tue. Deshalb muß ich die Frage, ob ich durch das jahrelange Training, durch die Konsequenzen, die der Sport verlangt, nicht meine Kindheit und Jugend verloren habe, so beantworten: Ich habe nur gewonnen! Vieles empfinde ich heute noch viel intensiver als früher, ich laufe nicht nur für die Zuschauer, sondern mehr für mich. So sind mir in einem Sport, in dem der Druck der Medien mitunter enorm ist, nicht die Lust und die Leidenschaft an dem vergangen, was ich tue.

OLYMPIASIEGER

1908	Annie Hübler/ Heinrich Burger
1936	Maxie Herber/Ernst Baier
1952	Ria Falk/Paul Falk
1964	Manfred Schnelldorfer
1980	Anett Pötzsch
1984	Katarina Witt
1988	Katarina Witt

EISSCHNELLAUF

スピードスケート

Zehn Entscheidungen, auf fünf Strecken wurden acht Weltrekorde gelaufen. Favoritenstürze und Überraschungssieger. Japans erstes olympisches Gold durch Sprinter Hiroyasu Shimizu. Starke Niederländer, die nicht nur auf dem Eis mit ihren Sportlern, sondern auch auf den Rängen mit ihren Fans begeisterten. Und dazu eine deutsche Mannschaft zwischen himmelhochjauchzend wie Gunda Niemann-Stirnemann oder Claudia Pechstein und Zu-Tode-Betrübt wie Franziska Schenk. Das ist das gestaffelte Fazit von zwölf olympischen Eisschnellauf-Tagen in Naganos imposanter M-Wave-Halle, die ihren Namen wegen der architektonischen Ähnlichkeit mit eben jenem Buchstaben des Alphabets erhalten hat. Das 33,7 Billionen Yen teure Prachtstück bot vor jeweils 10 000 Zuschauern das, was es zuvor versprochen hatte: schnelles, rekordverdächtiges Eis, das dem Wettstreit der Weltbesten einen grandiosen Rahmen gab.

Gerade auch im Spitzensport gilt, Namen sind Nachrichten, und so sind die Kufen-Highlights der olympischen Kufen-Wettbewerbe an eben jenen festzumachen. Mit Gianni Romme und Marianne Timmer, der eine erwartet, die andere sogar sich selbst überraschend, bewiesen zwei Niederländer mit einem goldenen Doppelschlag, daß die Oranje-Athleten ihre Heimat, der niemand den Ruf eines Mutterlandes des Eischnellaufens streitig machen würde, wieder dort etablierten, wo sie sich selbst am liebsten sehen: ganz vorn. Der 25jährige Romme, im Hauptberuf Schwimm-Meister in Made (Brabant), und die anderthalb Jahre jüngere Timmer sind Prototypen des phänomenalen

◁ Spieglein, Spieglein an der Wand, wer ist die Schnellste im 3000-m-Eisschnellauf? Claudia Pechstein (Silber), Gunda Niemann-Stirnemann (Gold) und Anni Friesinger (Bronze/ von links).

Einen solchen Dreifach-Triumph zeigten deutsche Damen bereits 1984 und 1992. In Sarajevo lautete die Reihenfolge auf der gleichen Strecke Andrea Schöne, Karin Enke, Gabi Schönbrunn. In Albertville über 5000 m lag Gunda Niemann vor Heike Warnicke und Claudia Pechstein.

Comebacks der Holländer, die sich mit alles in allem fünf Gold-, vier Silber- und zwei Bronzemedaillen über ihr erfolgreichstes Abschneiden in der 74jährigen Geschichte Olympischer Winterspiele freuen durften. Sowohl Romme, dessen Vorname der Verehrung seines Vaters für den einstigen Fußballstar Gianni Rivera von Inter Mailand entsprang, als auch Timmer erlebten ihr erstes olympisches Schauspiel – und fuhren nicht nur mit reichlich Edelmetall, sondern auch mit Weltrekorden neuer Dimension auf den alten Kontinent zurück. Vor allem Romme lief dabei auf den Langstrecken technisch wie vom anderen Stern. Über 5000 Meter verbesserte er seine eigene Bestmarke um 8,43 Sekunden, über 10 000 Meter die des Norwegers Johan Olav Koss bei dessen Olympiasieg 1994 in Lillehammer um sage und schreibe 15,22 Sekunden. Auch ein Resultat frappierender materialtechnischer Veränderungen im jahrzehntelang verträumten Eisschnellauf, der fast 100 Jahre lang auf der Stelle zu treten schien. In Nagano wurde nicht mehr nur über die Klapp-Skates und deren Effekte diskutiert, es ging ebenso um Rennanzüge mit Silikonstreifen zur Minimierung des Luftwiderstandes bei den Niederländern oder um windschlüpfrige Überzieher der Schlittschuhe bei den Deutschen.

»Ich bin mein eigener Rivale.«

Hiroyasu Shimizu, Japan

Günter Schumacher, Sportdirektor der Deutschen Eischnellauf-Gemeinschaft (DESG), sieht die Know-how-Schlacht um Zehntel und Hundertstel an möglichen Zeitgewinnen erst am Anfang. »Wenn man wieder vorn mitmischen will, müssen auf der Materialseite weitere Überlegungen angestellt werden. Alles, was mit Ausrüstung zu tun hat, kommt nach den Erfahrungen von Nagano demnächst auf den Prüfstand.« Allerdings ist sich der Funktionär auch sicher, »daß ohne gute Sportler auch das beste Material keine Medaillen macht«. Die Niederlande und Deutschland haben wie auch Norwegen die größten finanziellen Möglichkeiten und auch die nötige Manpower mit Trainern und Trainingswissenschaftlern, um die Führungspositionen im internationalen Eisschnellaufen zu halten. Mit zweimal Gold durch Gunda Niemann-Stirnemann (3000 m, dazu gewann sie zweimal Silber über 1500 und 5000 m) und Claudia Pechstein (5000 m, dazu Silber über 3000 m), dreimal Silber und, nicht zu vergessen, einmal Bronze durch die erst 21jährige Anni Friesinger haben Deutschlands Frauen vor allem auf den langen Strecken ihr Potential nachgewiesen. »Das Gute dabei ist, daß die Medaillistinnen drei Sportler-Generationen vertreten, mithin nicht nur erfolgreiche Vergangenheit und Zukunft, sondern auch vielversprechende Perspektive darstellen«, sagt Schumacher.

Die frappante Gunda Niemann-Stirnemann, die nach der Talfahrt von Lillehammer mit einer so bei ihr noch nie erlebten Kombination von besessener Konzentration auf die Höchstleistung und mentaler Gelöstheit erneut auf olympische Gipfel kletterte und mit Karin Kania-Enke als erfolgreichster deutscher Winterolympionikin gleichzog (dreimal Gold, viermal Silber, eine Bronzemedaille); die Berlinerin Claudia Pechstein, die als einzige das Kunststück fertigbrachte, im Zweikampf mit ihrer Mannschaftskollegin aus Erfurt ihren Olympiasieg von 1994 zu wiederholen; Franziska Schenk, hofierter Medien-Liebling mit Nagano-Sturzeinlage; Anni Friesinger, bajuwarisches Hoppla-jetzt-komm-ich-Temperament, oder Sabine Völker, vornehme thüringische Zurückhaltung – für Schumacher sind das alles durch Leistung ausgewiesene Persönlichkeiten, »von denen jede eine gewisse Palette bei den Interessenten abdeckt«. Auch bei den Männern, die medaillenlos blieben und einen fünften Rang des Chemnitzers Frank Dittrich über 5000 Meter vorweisen können, sei man der absoluten Weltspitze nähergekommen. »Wie erwartet, ist das Hauen und Stechen in unserem Sport gerade im Olympiajahr noch viel intensiver geworden. Wir dürfen uns nicht ausruhen, wenn wir dabei nicht das Nachsehen haben wollen.« Holland ist dabei auch ein Anreiz zum Lernen. Piet Schipper, in Schweizer Diensten stehender niederländischer Trainer, weiß für die Erfolge seiner Landsleute nur eine einzige Erklärung: »Es ist die bis ins letzte Detail konsequente Arbeit in einem unerbittlichen System.« □

△ Originalton Claudia Pechstein: »Nur mit Ehrgeiz kommt man zu Erfolgen. Dieses Motto bestimmt mein Leben sportlich und privat. Die Begabung für das Eislaufen wurde mir in die Wiege gelegt. Schon mit dreieinhalb habe ich das Schlittschuhlaufen gelernt. Meine Lieblings-Videos sind Top Gun und Bad Boys. Seit Mai bin ich mit dem Thüringer Markus Bucklitsch glücklich. Ich hoffe, daß ich meinem Namen nicht alle Ehre machen werde.«

CHRONIK DEUTSCHLAND

OLYMPIASIEGER

1960 Helga Haase (500 m)
1968 Erhard Keller (500 m)
1972 Erhard Keller (500 m)
Monika Pflug (1000 m)
1980 Karin Enke (500 m)
1984 Karin Enke (1000 m/1500 m)
Christa Rothenburger (500 m)
Andrea Schöne (3000 m)
1988 Uwe-Jens Mey (500 m)
André Hoffmann (1500 m)
Christa Rothenburger (500 m)
1992 Gunda Niemann (3000 m/5000 m)
Uwe-Jens Mey (500 m)
Olaf Zinke (1000 m)
Jacqueline Börner (1500 m)
1994 Claudia Pechstein (5000 m)
1998 Gunda Niemann-Stirnemann (3000 m)
Claudia Pechstein (5000 m)

FLIEGENDE HOLLÄNDER

Die Schmach von Lillehammer ist getilgt. Dort hatte sich die Eisschnellauf-Nation Niederlande mit einer Silbernen und drei Bronzemedaillen bescheiden müssen. In Nagano ließen die fliegenden Holländer dem Absturz einen imposanten Höhenflug folgen. Gianni Romme bei den Männern, Marianne Timmer bei den Frauen heißen die neuen Oranje-Helden. Zu den Architekten des Erfolges gehören zwei Trainer, die auch in Deutschland gut bekannt sind. Team-Manager Ab Krook und Sprint-Coach Peter Mueller waren in den 80ern fast ein Jahrzehnt lang Bundestrainer der (west-)deutschen Läufer. Der US-Amerikaner Mueller, 1976 in Innsbruck 1000-Meter-Olympiasieger, hat es in nur einem Jahr geschafft, den Niederländern ihren zwischenzeitlich verlorengegangenen »fighting spirit« zurückzugeben. »Ich habe den Sportlern vor allem eins eingebläut: Wenn ihr durchs Ziel kommt, müßt ihr umfallen, wir tragen euch danach schon weg, kümmern uns um die Linderung der kurzen Schmerzen, dem langes Glück folgen kann. Wenn man noch gehen kann, hat man etwas falsch gemacht.« Peter Mueller, der vor 22 Jahren seinen Olympiasieg in 1:19,32 Minuten erkämpfte und damit 3 Sekunden langsamer war als Marianne Timmer auf den 1000 Metern in Nagano, hat aus braven Mitläufern Champions gemacht. »Keep the fire burning!« beschreibt er seine Motivationsmethode und sieht sich bestätigt. »She wants to kill!« charakterisiert er Timmer und vergleicht sie mit Bonnie Blair. Als er an den deutschen Journalisten vorbeikommt, grinst er und fragt, ohne Antwort zu erwarten, im besten Deutsch: »Nicht schlecht, was?«

1

2

3

»Plötzlich ist es wieder da – das uralte Holland-Gefühl«, schwärmt die größte Zeitung des Landes »De Telegraaf«: »Einfach lecker«. Die Eislauf-Champs werden als Helden gefeiert. Gianni Romme (links) mit zweimal Gold ist der neue »Rambo«. Sogar bei der Hausfrauen-Gymnastik dominieren Eislaufübungen. Im friesischen Dearsum, dem Wohnort von 1000-m-Sieger Ids Postma (2), wurde sofort eine »Ids«-Kommission gebildet, um die Huldigungen bei seiner Heimkehr vorzubereiten. Die einzigen beiden, die den »Oranjes« Paroli boten, waren der Norweger Adne Söndral (1), der die 1500 m gewann, und Japans erster Olympiasieger auf dem Eis, Hiroyasu Shimizu (3). Er war über 500 m erfolgreich.

FRANZISKA SCHENK

Der Sturz tat weh, viel mehr, als es die erste Diagnose von Mannschaftsarzt Dr. Volker Smasal ahnen ließ. Nach 350 von 1000 Metern war Franziska Schenks Traum von einer Medaille oder gar dem Sieg bei Olympia ausgeträumt. Aus, vorbei. Nach Platz vier und der »Holzplakette« über 500 Meter sowie folgender Kritik an der ausschließlich auf Edelmetall orientierten Öffentlichkeit (»Die Medaillenzähler können mich alle mal sonstwo«) hat die 23jährige andere Schlagzeilen als erhofft produziert. In der Vorsaison Sprint-Weltmeisterin mit Vier-Strecken-Sieg mußte der Medienliebling mit einer Rolle klarkommen, die die Erfurterin zwar nach außen hin burschikos und geradeaus annahm, die ihr aber offenbar mehr Probleme bereitete, als sie zuzugeben bereit war. Lukrative Werbeverträge, Präsenz in allen Zeitungen und Illustrierten, 1997 gleich 215 TV-Sendeminuten außerhalb von Sportberichten als Talkshow-Plaudergast, eine Erwartungsspirale, die mehr und mehr Bedrängnis produzierte. Erklärung ist all das natürlich nicht für einen Fehlschritt. Während man im deutschen Team wortreich um selbige bemüht war, blieben die Kommentare der Konkurrenz kürzer. »Das passiert, wenn man zuviel will«, sagte die Silbermedaillengewinnerin Christine Witty (USA). Franziska Schenk wollte alles und wurde aus der Bahn geworfen. Nun ist der wahre Champion in ihr gefordert.

Ein Eisbär aus dem Tierpark von Vancouver mit einem Eismodel aus Erfurt in den Eisbergen von Alaska. Vielleicht ein unpassendes Olympiatraining für Franziska Schenk?! »Wenn jemand stürzt, ist er meist selber schuld«, meinte denn auch deren deutsche Mannschaftskameradin Sabine Völker. Franziska Schenks olympische Träume »zerplatzten« in Nagano jedenfalls an der Bande (rechts).

Zu den olympischen Stars avancierten dagegen Catriona Le May Doan aus Kanada (1), Marianne Timmer aus den Niederlanden (2) und Christine Witty aus den USA (3). Wartet auf sie nun auch der Wettlauf mit dem Eisbären?

1

3

2

4

EISSCHNELLAUF

Bereits im 13. Jahrhundert liefen die Holländer auf den zugefrorenen Grachten mit Holzschlittschuhen, an denen eine Eisenschiene befestigt war. Die ersten Wettkämpfe gab es 1763 in England. Ende des 19. Jahrhunderts wurden Rennen vor allem in Skandinavien, Rußland und Nordamerika populär, wobei um Preisgelder gelaufen wurde. Der erste offizielle WM-Titel wurde 1891 vergeben – bis 1995 ausschließlich im Vierkampf. Während auf den Einzelstrecken Weltmeister erst seit 1996 gekürt werden, waren diese bei Olympischen Winterspielen von Anfang an ausgeschrieben; lediglich in Chamonix 1924 gab es außerdem auch noch eine Mehrkampf-Wertung. Der Frauen-Eisschnellauf, der 1932 als Demonstrationssportart sein Debüt hatte, steht seit 1960 auf dem Olympischen Programm.

Nachdem lange Jahre jeweils vier Strecken ausgeschrieben waren, kam für die Männer 1976 die 1000-m-Strecke hinzu, für die Frauen 1988, als in Calgary erstmals in der Halle gelaufen wurde, die 5000-m-Distanz.

»Wer nicht Weltrekord läuft, der holt keine Medaille«, hatte Frank Dittrich prognostiziert. Mit nationalen Rekorden beschieden sich die besten Deutschen. Eine Enttäuschung? Wohl kaum für

1 Frank Dittrich – 5000 m/6:32,17 min/5. und 10 000 m/13:36,58 min/6.
2 Peter Adeberg – 1000 m/1:11,90 min/9.
3 Michael Künzel – 500 m/36,19 s/11.
4 Christian Breuer – 1500 m/1:50,96 min/9.

… FIND ICH GUT!

UWE-JENS MEY

34 Jahre alt, Verkaufsleiter einer US-Firma für Postbearbeitungstechnik in Berlin, dreimal Olympia-Teilnehmer, Olympiasieger 1988 und 1992 im 500-Meter-Sprint, Olympia-Zweiter 1988 über 1000 m, dreimal Sprint-WM-Zweiter.

Mit sechzig »Sachen« in die Kurve

Für die meisten Leute, erst recht für die, die noch nie auf Kufen standen, ist Eisschnellaufen eine Bewegungsanomalität. Die tief geduckte Körperhaltung, das Bemühen um das richtige Übersetzen in den Kurven, um bei hoher Geschwindigkeit auf den Beinen zu bleiben, und das dafür erforderliche immense, harte Training verleiten Außenstehende schnell zu dem Schluß: Das kann doch gar keinen Spaß machen! Tut es aber doch, auch wenn es durchaus passieren kann, daß man die Schlittschuhe nach zig Kilometern im Kreis ab und an mal verflucht.
Als ich mit neun Jahren vom Eiskunstlauf zum Eisschnellaufen kam, da waren es weniger die sportartspezifischen Dinge, die mich reizten. Es waren meine Freunde und Kumpels, in deren Kreis ich mich wohlfühlte, die vertraute Umgebung, in der man sich zu Hause fühlte. Noch mit zehn war ich bei Fußball-Schülerturnieren mehrfach als bester Libero ausgezeichnet worden, doch dem Werben des besten Ostberliner Klubs widerstand ich aus justament dem gleichen Grund. Mein Bewegungsdrang war bei den Kufen-Sportlern, wie sich später zeigte, allerbestens aufgehoben.
Obwohl das Eisschnellaufen ein Einzelsport ist, gibt es dort ein Zusammengehörigkeitsgefühl wie in einer Mannschaftsdisziplin. Ohne die anderen, mit denen zusammen ich die Ausdauer-Einheiten absolvierte, hätte ich niemals solch ein Pensum geschafft, das später die Grundlage für meine Titel und Medaillen war.
Anders als der Laie glaubt, ist Eisschnellaufen ein sehr vielfältiger Sport. Weil vor dem Auftritt auf dem Eis alles Mögliche angesetzt ist: man spielt Fußball, Volleyball, Eishockey, läuft, rollt, springt, schwimmt, schwitzt im Kraftraum. Und auch der Wettkampf auf den Kufen ist viel mehr als nur linksherum ums Oval zu laufen. Er ist Eleganz und Geschwindigkeit, enorme Beschleunigung und Körperbeherrschung. Wenn man mit sechzig »Sachen« durch die zweite Innenbahnkurve fliegt, spürt man die Fliehkräfte am Körper auf sehr direkte und faszinierende Weise. Die meisten kennen das nur aus dem Auto …

日記

TAGEBUCH

Gunda Niemann-Stirnemann

Von Nagano bis Nagano

Mein ganz normales, ganz besonderes Jahr

16. Februar 1997

Mehrkampf-Weltmeisterin mit Punkte-Weltrekord! Und das auf Klappschlittschuhen – kaum zu glauben! Wenige Wochen zuvor schienen die Holländerinnen noch unerreichbar, jetzt liege ich nach meinem sechsten Titel in Naganos Olympiahalle glücklich im Bett und schwanke in Gedanken überschwenglich zwischen »Siehste, ich wußte doch, daß ich es schaffe!« und »Das gibt's doch gar nicht!« hin und her. Der 5. Januar fällt mir wieder ein, als ich in Inzell abends heimlich aufs Eis schlich und die »Klapper« zum ersten Mal ausprobierte. Es war alles andere als Liebe auf den ersten Blick – aber wie es so ist in einer Zweierbeziehung, am Ende zählt Beständigkeit. Bei den WM in Nagano verstanden wir uns bereits ganz gut – was gelegentliche Reibungen nicht ausschließt.

Nagano – in einem Jahr sollen sich hier meine Olympia-Träume erfüllen. Zur WM fuhr ich voller Neugierde und Aufregung. M-Wave, die Halle: schön, groß, wuchtig. Ein Plakat habe ich mitgenommen, die Snowlet-Maskottchen hebe ich mir für 1998 auf. Und sonst? Wechselhaftes Wetter, nette Leute, einnehmendes Lächeln, gemischte Gefühle, Hotelpersonal, das im Foyer auf Knien bedient, Riesenjux, als Bundestrainer Joachim Franke im Kimono erscheint. Japan hat wirklich Spaß gemacht – ich freue mich auf Olympia 1998!

April 1997

Vielleicht hätte ich mich darauf beschränken sollen, im Internet zu surfen. Aber im Herbst 1996 hatte ich im Club der Besten in Fuerteventura nichts ausgelassen, zusammen mit den Olympiamedaillen-Gewinnern von Atlanta. Am letzten Tag war ich bei der Prüfung für den Surfschein auf dem Brett weggerutscht. Die Folgen – immer stärker werdende Schmerzen – hatte ich über die Saison mitgeschleppt, nun liege ich bei Verbandsarzt Dr. Volker Smasal auf dem Operationstisch!

Ich darf mir ansehen, was in meinem Knie kaputt ist, als eine eingeführte Kamerasonde mein Innenleben nach außen kehrt. Ziemlich traurig starre ich an die Decke, weiß: Das wird ganz bestimmt nicht einfach. Scheiße, denke ich – ausgerechnet in dem Jahr vor *meinen* Olympischen Spielen. Als Dr. Smasal von der Arthroskopie ankündigt, daß ich erstmal an Krücken

gehen werden muß, siegt der Trotz über den kurzen Moment der Ratlosigkeit: Ich will und ich werde es schaffen! Am 4. April erfolgt der Eingriff, zwei Tage später beginnt das Reha-Training. Geduld ist angesagt, nicht unbedingt meine Stärke. Am liebsten wäre ich sofort aufgestanden und losgejoggt. Ich zwinge mich zu Disziplin, Tag für Tag muß ein straffes Bewegungs- und Übungsprogramm absolviert werden, um möglichst wenig Muskelmasse zu verlieren. Olympia in Nagano, das geht mir dabei nie aus dem Sinn – ich will dabei sein, und dafür muß ich schwitzen, leiden, auch an unmöglich Scheinendes glauben. Viele helfen mir dabei, mein Lebensgefährte Oliver, Trainer Stephan Gneupel, Dr. Smasal, die Physiotherapeuten. Meine Selbsthilfe besteht aus einer Art Autosuggestion: Wenn es alpine Skirennläufer und Fußballer geschafft haben, mit solchen Verletzungen fertigzuwerden, warum dann nicht auch ich?

Juni 1997

Das Aufbautraining hat angeschlagen, in Livigno beim Rad-Lehrgang trete ich mit Leidenschaft in die Pedale. Im Sattel kann ich mich auslassen, die Pässe hoch, die Pässe runter – ich spüre den Kraftzuwachs praktisch Tag für Tag. Das läßt die Wochen vergessen, als alles stagnierte, als die geschwundene Muskulatur am rechten Bein nur im Schneckentempo zunehmen wollte. Radfahren war das erste, was ich wieder richtig machen, wo ich mit den anderen nicht nur mithalten, sondern ihnen sogar davonfahren konnte. 200 Kilometer pro Tag – das war Schinderei, aber auch ein herrliches Gefühl, sich belasten zu können. Vor allem an einem schönen Tag. Man beginnt in der Gruppe, kontrolliert seinen Puls, und radelt mit den Männern weiter, wenn es zu langsam wird. Die beiden Erfurter René Taubenrauch und Matthias Pfeiffer sind in den Alpenpässen zwischen Italien und der Schweiz meine Standardbegleiter.

Ich bin gern in Trainingslagern, nutze und mag sie. Dabei kann ich sehr diszipliniert sein. An einem zur Regeneration gedachten freien Tag setze ich mich lieber hin und lese ein Buch, als durch die Gegend zu fahren, um »etwas zu erleben«. Zugegeben, ich lebe für den Sport und so verhalte ich mich auch. Unterwegs sorge ich auf meine Weise für Geborgenheit. Ich nehme immer irgendein Stück mit, das mich an zu Hause erinnert: ein Kopfkissen, ein Plüschtier, einen Kerzenständer. So bin ich zwischen Koffern, Sportutensilien und schlichter Einrichtung immer irgendwie daheim.

12. Juli 1997

Es gibt nichts Gutes, außer man tut es. Auch, wenn der eigene Name danach in keine Schlagzeile mehr paßt. Gunda Niemann-Stirnemann heiße ich seit heute – ein Ereignis, daß mich, simpel ausgedrückt, einfach glücklich macht. Erst war Oliver nur mein Manager, dann ist er im Laufe der Jahre – nicht mit einem Schlag, aber peu à peu – immer mehr geworden. Wir haben unsere Stärken und Schwächen kennengelernt, und irgendwann stellte sich die Frage: Warum eigentlich nicht?

Die Hochzeit in der Erfurter Regler-Kirche habe ich sehr genossen, das ganze Drumherum war so, daß

man einen solchen Tag nicht so schnell wieder vergißt. Es wurde *unser* Tag, auch wenn Journalisten und Fotografen dabei waren. Das Kleid hatte ich mir allein ausgesucht, Oliver sah mich bei der Trauung darin zum erstenmal – und ganz offensichtlich gefiel ich ihm. Was natürlich auch meine Absicht war. Die Hochzeit war eher seine, denn meine Idee. Ich wollte nach meiner ersten Ehe zunächst einmal ein bißchen Abstand von so definitiven Bindungen gewinnen. Doch wenn man sich lieb hat und weiß, daß man zueinander gehört, dann kann man solche Vorgaben auch revidieren. Wir passen ganz gut zueinander, und Oliver hat einige Vorzüge, um die mich andere Ehefrauen vielleicht beneiden würden. Zum Beispiel kocht er ausgezeichnet, selbst wenn die Küche danach ein Bild der Verwüstung bietet. Aber sein Zürcher Geschnetzeltes kann jederzeit mit Thüringer Klößen konkurrieren. Daß unsere Hochzeit etwas ganz Besonderes war, hatte Folgen: Ausnahmsweise nahm ich mir ein paar Tage trainingsfrei, von ein paar Einheiten auf dem Rad-Ergometer abgesehen.

Anfang Oktober 1997

Komplexe Leistungsdiagnostik, oder abgekürzt KLD, nennt sich das, was anderswo vielleicht Generalinventur hieße. In Berlin stand ich nach dem Radtraining in Livigno, nach den Kilometern auf Rollen im Juli und August in Flagstaff und Font-Romeu, erstmals seit der Knieoperation im April wieder auf Schlittschuhen. Es war, als ob man neu das Laufen lernt. Mühsam, Schritt für Schritt. Ich hatte Probleme, in den Kurven überzusetzen, in tiefer Position zu bleiben, mich technisch zu verbessern. Bei der Rückkehr auf die Kufen ließ ich erstmal die scharfen Starts weg, absolvierte keine Sprints, verzichtete auf die ungeliebten Krafttests.

Mir kam es vor, als schliche ich um das Oval, und ich dachte: Oh je, was liegt da noch vor dir, ehe du wieder vorn dabei sein kannst! Nach den ersten Versuchen mit dem neuen Klappschlittschuh-System war ich müde und erschöpft. Ich ging ziemlich kritisch mit mir selbst ins Gericht, haßte mich fast ein bißchen für das, was ich immer noch nicht konnte. Aber aufgeben? Nein, das war nicht meine Sache. Auch, wenn es manchmal so aussah, als würde ich nie wieder so gut sein, wie ich es davor schon mal war. Auch, wenn es im Knie stach und ich an Nagano zwar Träume, aber keinen konkreten Gedanken verschwendete. Erstmal die Qualifikation schaffen, überhaupt dabei sein – dann sieht man weiter.

18. Januar 1998

Innsbruck – der letzte Weltcup vor den Olympischen Spielen. Ich gewinne die 3000 Meter mit Bahnrekord, nur ein paar Hundertstel vor Claudia Pechstein. Über 1500 Meter läuft es runder, der Sieg fällt deutlich aus. Die EM in Helsinki habe ich ausgelassen. Ich will das Knie nicht überstrapazieren – in Nagano will ich mir keine Vorwürfe machen müssen, meine Chancen reduziert zu haben, weil ich zuvor zu viel zu schnell gewollt habe. Die Fahrkarte zu den Olympischen Spielen hatte ich mir schon beim ersten Weltcup Ende November in Berlin gesichert. Im Dezember bin ich in Heerenveen sogar 3000-Meter-

Weltrekord gelaufen – ein wunderbares Gefühl nach all den Zweifeln in den Monaten davor.
Ich konnte mich riesig über mich selbst freuen – Kraft, Dynamik, Kurventechnik, alles paßte zusammen. Absolut schön. Am 31. Januar werde ich nach Nagano fliegen. Meine vierten Olympischen Spiele. Viermal ganz unterschiedliche Erlebnisse, ganz unterschiedliche Erfahrungen, ganz unterschiedliche Erinnerungen. Nagano will ich genießen, und ich werde mir das von niemandem nehmen lassen. Als ich vor vier Jahren nach Lillehammer fuhr, bin ich mit Angst ins Flugzeug gestiegen. Ich hatte kaum eine Chance zu sagen, was ich wollte und fühlte – die meisten Medien hatten mich auf dreimal Gold festgeschrieben, und davor und danach alles darauf ausgelegt. Nur Objekt für die Öffentlichkeit zu sein, ohne mich selbst artikulieren zu dürfen, das tat weh. Diesmal habe ich mir fest vorgenommen, mich durch nichts kaputtmachen zu lassen – egal, was bei meinen drei Starts herauskommt. Ich bin geblieben, wer ich war, doch zugleich auch eine andere. Ehrlich, geradezu, ein bißchen naiv, besessen. Und außerdem gelassen. Nagano – ich bin bereit!

7. Februar 1998

Das Warten ist vorbei, die Spiele werden eröffnet. Ich erlebe das zum vierten Mal, aber es prickelt so, als wäre es meine olympische Premiere. Ich habe eine Stimmung zwischen stiller Feierlichkeit, Spaß an dem bunten Völkchen der Sportler und kitzelnder Vorfreude auf die Wettkämpfe. Die sind natürlich das Wichtigste, und deshalb schaue ich mir die Eröffnung gemeinsam mit Oliver im Fernsehen an. Keine Erkältung, kein Infekt sollen meine sportlichen Ziele beeinflussen. Das Feiern mitten unter den Athleten hebe ich mir für die Abschlußzeremonie auf. Doch auch im warmen Zimmer ist der Auftakt der Spiele für mich etwas Besonderes. Familie Wada, bei denen Oliver während der zwei Olympia-Wochen untergebracht ist, hat uns eingeladen. Wir sitzen mit überschlagenen Beinen vor der Flimmerkiste, trinken Tee, freuen uns über die schönen Bilder. Frau Wada ist, so erfahre ich, einer meiner größten Fans.
Schon vor langer Zeit hat sie für sich und die ganze Familie Eintrittskarten zum 3000-Meter-Wettbewerb besorgt, bei dem ich erstmals in Aktion treten werde. Stolz zeigt sie mir eine Videokassette, auf der meine Gold-Rennen von Albertville aufgezeichnet sind.
Wir verständigen uns mit Händen und Füßen und verstehen uns glänzend. Frau Wada lernt deutsch, bei meinem Besuch sind ein paar Worte dazugekommen. Schön, daß auch das Olympia ist – nicht nur Wettkampf pur, Zeiten und Medaillen. Die Spiele genießen – mein Wunsch geht in Erfüllung.

11. Februar 1998

Gold! 1,18 Sekunden liege ich nach 3000 Metern vor Claudia Pechstein, 2,15 Sekunden vor Anni Friesinger. Drei deutsche Frauen auf dem Siegerpodest, ich freue mich nicht nur für mich. Vor vier Jahren war ich in Lillehammer auf dieser Strecke schon nach 500 Metern gestürzt. Immer wieder werde ich gefragt, ob ich jetzt in Nagano daran gedacht habe, vielleicht sogar davor gezittert habe, an diesem

Punkt der Bahn vorbeizulaufen. Vor vier Jahren war ich sehr traurig, jetzt bin ich überglücklich. Vielleicht muß man beides erfahren haben im Sport, denn der ist nur lebendig mit Emotionen. Heute ist mein Tag. Ein Traum ist in Erfüllung gegangen, was auf der Wegstrecke, zuletzt nach der Operation im April 1997, schon ganz weit weg schien. Stück für Stück habe ich mich herangearbeitet. Geflucht, gehofft, gejubelt. Nun habe ich bewiesen, daß ich die Weltbeste bin. Ein wunderbares Gefühl, das man nicht geschenkt bekommt. Nach so vielen Jahren immer noch ganz oben zu stehen, ist viel schwerer, als sich von unten an die Spitze zu kämpfen. Es ist schön, daß sich andere mit mir freuen. Frau Wada stand winkend an der Bahn, wischte sich eine Träne aus den Augen. Anrufe aus der Heimat, Olivers Umarmung natürlich, die sich überschlagende Stimme von Trainer Stefan Gneupel – das geht unter die Haut. Die Spiele gehen weiter, ich habe noch zwei Starts. Aber heute wird erstmal gefeiert – mit einer knackigen Bratwurst im Thüringer Pavillon. Als ich spätabends ins Olympische Dorf zurückkehre, bin ich so aufgewühlt, daß ich den Sicherheitsleuten statt meiner Akkreditierung meine Goldmedaille unter die Nase halte. Sie lassen mich passieren …

20. Februar 1998

Was für ein Rennen! Da laufe ich als erste Frau der Welt über 5000 Meter unter sieben Minuten und bin am Ende des Wettbewerbs doch meinen gerade mal zehn Minuten alten Weltrekord und die greifbar nahe Goldmedaille wieder los. Vier läppische Hundertstel ist Claudia Pechstein schneller als ich – auch, wenn es mich in diesem Falle trifft, das ist Sport, wie er sein muß. Ich habe in der Halle Claudias Lauf von Anfang bis Ende verfolgt, ihren Rhythmus, die Zwischenzeiten, Runde für Runde. Und dann dieses verrückte Ende! Traurig sein kann ich darüber wohl nicht. Es war ein Traumlauf mit einem Super-Feeling. Ich habe mir hier in Nagano die Läufe des Holländers Gianni Romme angesehen, habe versucht, mir von diesem begnadeten Schlittschuhläufer etwas abzusehen und das dann auch gleich umzusetzen. Das ist, so glaube ich, ganz gut gelungen. Ich habe nicht verloren, sondern eine wunderbare Gewißheit gewonnen: Ich bin immer noch nicht eisschnellaufsatt. Da ist nicht nur die Lust, mir meine Weltrekorde über 3000 und 5000 Meter, die jetzt beide Claudia Pechstein hält, zurückzuholen. Da ist auch der Appetit nach mehr. Warum nicht auch Salt Lake City 2002? Daß ich jetzt mit die erfolgreichste deutsche Winterolympionikin bin, hat damit nichts direkt zu tun. Um so mehr aber meine Lust, mich selbst herauszufordern. Die ist nicht kleiner geworden in meinem ganz normalen, ganz besonderen Jahr zwischen Nagano und Nagano – im Gegenteil. Eine Pause gibt es nicht. Eis-Gala zwei Tage später in Heerenveen, die Weltcups und zum Abschluß die Einzelstrecken-WM Ende März in Calgary, wo 1988 meine ersten olympischen Träume reiften.

22. Februar 1998

Ich darf die deutsche Fahne zur Abschlußveranstaltung tragen. Was für ein Finale …

ショートトラックスピードスケート

SHORT TRACK

Short Track ist eine Zwei-Klassen-Gesellschaft«, sagt Bundestrainer Jürgen Dennhardt (Dresden), der mit sechs Athleten – fünf Frauen und einem Mann – die deutsche Olympia-Premiere bei den seit 1992 ausgetragenen Wettbewerben auf der 111,12 Meter langen Kurzbahn bestritt. Eine strenge Hierarchie, die im White Ring von Nagano, wo zuvor die Eiskunstläufer ihre Kringel drehten, ehe das von jeweils 7000 Zuschauern lautstark begleitete Eisspektakel folgte, nicht aufgebrochen wurde. Da die übermächtigen Läufer aus Übersee, dort die »Fahrschüler« aus Europa, denen nur Statistenrollen inmitten der Asiaten, Kanadier und US-Amerikaner zufallen. Keine Medaille in den sechs Entscheidungen für den alten Kontinent, das bestätigt Dennhardts Bestandaufnahme überdeutlich. »Wenn Europameister Fabio Carta aus Italien über 1000 Meter Sechster wird, dann zeigt das, welch ein scharfer Wind bei Olympia wehte.«

»Ich habe mein Heil in der Flucht gesucht. Das war meine einzige Chance. Aber die anderen waren einfach zu schnell.«

Arian Nachbar, Deutschland

Südkorea, Kanada, Japan, China – nur diese vier Länder durften an der Verteilung der 18 Medaillen in den drei verschiedenen Erfolgsausgaben teilhaben. Die Südkoreaner, schon vor der dritten Olympia-Aufführung des Stückes, das sich Short Track nennt, aber nun doch eine längere Inszenierung zu werden verspricht, die mit Abstand erfolgreichste Nation bei dem Kampfsprint mit über hundertjähriger Tradition, bauten mit drei Olympiasiegen, einer Silber- und zwei Bronzemedaillen ihre Gesamtbilanz auf die eindrucksvolle Zahlenkombination 6 – 2 – 4 aus. Kein Wunder, denn in dem wirtschaftlich gebeutelten Land ist eine mit dem Olympiagold in Aussicht gestellte Monatsrente von umgerechnet 700 Mark auf Lebenszeit ein Motivationsanlaß mit enormem Treibsatz. Die hat Lee-Kyung Chun schon längst sicher: Nach zweimal Gold in Lillehammer gewann sie nun erneut zwei »Goldene« nebst einmal Bronze und rückte in der olympischen Medaillenträger-Chronik auf den 18. Platz vor, als siebtbeste Frau.

Die Resultate der deutschen Olympia-Neulinge, die sichtlich ihrer Nerven nicht Herr wurden und so viele Stürze wie nie zuvor produzierten, relativierten sich aus dieser Perspektive. »Wir haben hier Lehrgeld gezahlt und müssen aus diesen Erfahrungen lernen, wenn wir nach vorne wollen«, sagt Günter Schumacher, Sportdirektor der Deutschen Eisschnellauf-Gemeinschaft (DESG) und mithin jenes Verbandes, der sich vor allem auf seine erfolgreichen Langbahnstars wie Gunda Niemann-Stirnemann, Claudia Pechstein oder Frank Dittrich konzentriert. 60 bis 80 Lehrgangstage reichten nicht aus, diese Zahl müsse man verdoppeln, meint Schumacher. Und gelinge das nicht in dem bisherigen Rahmen, dann müßten die Short Tracker als Sportsoldaten die Chance erhalten, professioneller zu trainieren. In Nagano wurden sie zum ersten Mal gewogen und als zu leicht befunden. Weder der Rostocker Arian Nachbar, die Dresdnerin Yvonne Kunze noch die erfahrene Erfurterin Susanne Busch überstanden bei ihren Auftritten auch nur eine Runde. Die Frauen-Staffel wurde in ihrem 3000 m-Wettbewerb Achte und Letzte. »So harte Dinge hatten wir noch nie zu bewältigen. Wir haben Federn gelassen, aber wir brauchen den Vergleich, nur das bringt uns vorwärts«, gibt sich Jürgen Dennhardt kämpferisch. »Dann werden wir auch mit etwas anderem als Stürzen auffallen.«

Ein bißchen Hoffnung gibt es bereits. Kurz vor Nagano gewann die Staffel der Frauen bei den EM in Budapest mit Bronze die erste internationale Short Track-Medaille. Auf Olympia hatte das freilich noch keine Auswirkungen. Denn der alte Kontinent sieht im Vergleich mit Koreanern oder Kanadiern eben in der Tat zumeist alt aus. Warum das so ist, kann Dennhardt relativ simpel erklären: »Die haben Tradition und Förderung, zudem, zumindest was die Asiaten angeht, gute anatomische Voraussetzungen für diesen Sport. In Europa hat es 1996 die ersten EM gegeben – wir müssen mühsam aufholen. Aber ich bin überzeugt, daß Short Track im Kommen ist. Wer die Stimmung im White Ring erlebt hat und sie mit Eisschnellaufen vergleicht, wird das bestätigen.« □

Action on the Ice. Es geht turbulent zu und ist riskant wie Speedway. Wer am pfiffigsten wechselt und den richtigen Druckpunkt auf dem Po findet, bleibt chancenreich im Rennen. So wie die Damen-Vierer aus Asien. Das Finale gewinnt Südkorea vor China.

SHORT TRACK

Short Track sind Eisschnellaufrennen auf der Kurzbahn, die ursprünglich um ein Eishockeyfeld ausgetragen wurden. Ihr Ursprung liegt in Nordamerika; das erste Championat wurde 1906 in Kanada ausgetragen. Viele der besten nordamerikanischen Eisschnelläufer, darunter die fünffachen Olympiasieger Eric Heiden und Bonnie Blair, begannen ihre Karriere beim Short Track, das mehr Durchsetzungsvermögen und taktisches Verständnis als die Langbahn-Rennen, in denen traditionell in Paaren gelaufen wird, erfordert. In Europa wurde Short Track erst in den 70er Jahren populär. Die Internationale Eislauf-Union erkannte es 1975 an; die ersten internationalen Meisterschaften wurden 1976 ausgetragen. WM-Titel werden offiziell seit 1981 vergeben. Seine olympische Premiere hatte Short Track 1988 in Calgary als Demonstrationssportart; ins offizielle Programm gelangte es 1992 mit vier Disziplinen. Seit Lillehammer 94 geht es in sechs Wettbewerben um die Medaillen.

YVONNE KUNZE

… FIND ICH GUT!

20 Jahre alt, Bundesgrenzschutz-Angehörige aus Dresden, zehnmalige Deutsche Meisterin, Short Trackerin seit 1992, zuvor Eisschnelläuferin. 1995 Junioren-WM-13., 1997 WM-14.

Ich mag's halt rasant

Mein ganzes sportliches Leben hatte und hat mit Kufen zu tun, aber nie war es so spannend wie jetzt als Short Trackerin. Angefangen habe ich als Eiskunst-, weitergemacht als Eisschnelläuferin. Auf dem 400-Meter-Oval brachte ich es bis zu Platz 16 bei Deutschen Meisterschaften, aber richtig unter die Haut ging mir das Ganze nicht. Von Short Track hatte ich null Ahnung, und als 1992 mein Trainer Jürgen Dennhardt von der langen auf die 111,12 Meter messende Kurzbahn wechselte, wollte ich eigentlich nur mal bei einem Wettkampf zuschauen, um mir ein Urteil zu bilden bzw. um ein Vorurteil zu bestätigen.
Wider Erwarten war ich unheimlich fasziniert, und blieb das auch nach meinem ersten eigenen Short-Track-Auftritt, als ich mir bei einem Sturz in den Fuß schnitt. Doch welch ein Unterschied war das zum eher langweiligen Eisschnellaufen, wo man Paar für Paar warten mußte, ob nicht doch noch jemand eine schnellere Zeit lief. Hier zählte der Kampf Mann gegen Mann, Frau gegen Frau – und wer am Ende als Erster über den Zielstrich fuhr, der hatte auch gewonnen. Ich mag's halt rasant, und das bekommt man beim Short Track mit vollem Speed und Kurvenschräglage von 60 bis 70 Prozent reichlich geboten. Freilich, Angst sollte man nicht haben, aber wenn man die Geschichte beherrscht, dann ist Short Track keineswegs so gefährlich, wie manche Kritiker einem weismachen wollen. Die Schlittschuhe sehen etwas anders aus als im »normalen« Eisschnellaufen. Die Kufen sind anders gebogen, haben wegen der extremen Kurvenlage einen anderen Radius. Auch sonst sind die Unterschiede zum »Muttersport« beträchtlich. Taktik und Risikobereitschaft spielen im Short Track eine ganz andere Rolle. Ohne meinen Kollegen von der Langbahn wehtun zu wollen, aber im Eisschnellaufen absolviert man sein Rennen meist nach einem festen Fahrplan. Bei uns sind Mitdenken und Psychologie gefragt, man muß auf überraschende Entwicklungen reagieren können. Wer das nicht kann, für den wird Short Track in der Tat ein so kurzes Stück, wie es der Name verheißt.

リュージュ

RENNRODELN

Visitenkarte Georg Hackl:
Calgary 1988 – 2.
Albertville 1992 – 1.
Lillehammer 1994 – 1.
Nagano 1998 – 1.
Salt Lake City 2002 – ???

18 aus 30, so lautet die deutsche Rodel-Erfolgsquote aus zehn Olympischen Winterspielen. Seitdem in Innsbruck 1964 die Schlittenfahrt im Eiskanal in das Olympia-Programm aufgenommen wurde, haben die Athleten aus Thüringen, Bayern, dem Erzgebirge und anderen Zentren jenes Sports, den auch jeder Laie zumindest als Kind einmal spielerisch betrieben hat, genannte 18mal Gold gewonnen. Die internationale Konkurrenz muß sich mit 13 Olympiasiegen bescheiden – und konnte diese Zahl auch in der »Spirale« in Iizuna Kogen nicht aufstocken.

Sandy Caligiore, Pressesprecher des US-Teams, fand eine einfache, wenn auch nicht ganz zutreffende Erklärung für das deutsche Dauer-Wunder auf Rodel-Kufen: »Bei den Deutschen ist Rodeln ein Volkssport, so wie bei uns Baseball. Deshalb sind die so stark.« Die maßgeblich von ihm selbst betriebene Diskussion um einen angeblichen Wunderschuh von Georg Hackl & Co. nahm er schließlich bewundernd zurück: »Der könnte selbst mit Wanderbotten an den Füßen runterfahren, und würde doch gewinnen.«

Bundestrainer Thomas Schwab, der 1995 die Nachfolge des legendären Sepp Lenz (in Nagano als Eismeister an der Bahn) angetreten hatte und nun mit den drei Olympiasiegen von Georg Hackl, Silke Kraushaar und Stefan Krauße/Jan Behrendt einen olympischen Superlativ-Einstand als Cheftrainer erlebte, war zwar »sprachlos«, fand dann aber doch Erklärungen für den totalen deutschen Triumph. »Mehr war nicht drin. Es ist alles aufgegangen, was wir geplant haben. Wir haben aus den Rennen in der Vorsaison und aus den Trainingswochen in der Spirale die richtigen Schlußfolgerungen gezogen – athletisch, aerodynamisch, materialtechnisch und auch mental.« Funktioniert habe das vor allem, weil »ein ganzes Team auf ein Ziel hingearbeitet hat«. Ein Team, das – so der 35jährige, der 1988 in Calgary im Doppelsitzer selbst Olympia-Dritter war – in den drei Olympiasiegern seine herausragenden Persönlichkeiten hatte. Athleten mit Charakter, Persönlichkeit, Leidenschaft und unbedingtem Siegeswillen.

Das Phänomen: Vier Läufe, vier Bestzeiten. Der

31jährige Georg Hackl, mal als »Turbo-Schorsch«, mal als »rasende Weißwurst« bezeichnet und damit dennoch nicht treffend charakterisiert, gewann in Nagano seine dritte olympische Goldmedaille in Folge. Ein Rekord, der nur schwer zu brechen sein wird. War schon der Sieg ein Ereignis der besonderen Art, so war es die Art und Weise erst recht. Die Konkurrenz – so der Eindruck – hatte bereits früh vor Hackls einmaliger Konzentration, vor seiner Nervenstärke, seiner auf nie endender Tüftelei basierender Perfektion, seinem Bauchinstinkt für die ideale Fahrlinie kapituliert. Nach dem Rennen kam der Österreicher Markus Prock, Dauerkontrahent des Bayern und in Nagano enttäuschter Vierter, zu Hackl, gratulierte mit drei kurzen Worten: »Souverän, absolut souverän!« Vor Prock plazierte sich der Oberhofer Jens Müller, als Olympiasieger von 1988 bisher der einzige, der Georg Hackl bei Olympischen Spielen schlagen konnte. Sein Bronze-Rang hatte Konsequenzen: »Ich habe von vornherein gesagt, wenn ich eine Medaille gewinne, mache ich weiter. Daran muß ich mich wohl halten.«

»Einen Olympiasieg kannst du absolut nicht planen. Es kommt sowieso wie's kommt.«

Georg Hackl, Deutschland

Weiter macht auch Hackl, was die Zöggeler, Prock, Suckow nicht eben erfreuen dürfte. »Er ist einer, dem eine Menge in die Wiege gelegt wurde und der seine Gaben nicht verschenkt hat«, sagt Hackls alter Trainer Sepp Lenz. »Einen zweiten wie ihn wird es nicht geben. Er kann auch bei den nächsten Spielen in Salt Lake City noch gewinnen ...«

Die Spätberufene: Wer spät kommt, den belohnt das Rodler-Leben. 27 Jahre alt, Olympia-Debütantin und auf Anhieb Gold – was sich bei der Sonnebergerin Silke Kraushaar wie ein »Veni, vidi, vici« anhört, war alles andere als das. Schon 1988 war sie DDR-Vizemeisterin, doch die Olympischen Spiele in Calgary hatten zuvor mit drei anderen Athleten stattgefunden. Auch in den Folgejahren fuhr sie oft um Hundertstel an der Qualifikation für große Meisterschaften vorbei. »Nicht nur einmal wollte ich alles hinschmeißen«, sagt sie. Daß sie es dank ihres »optimistischen Gemüts« nicht tat, wurde in der vorolympischen Saison belohnt. Weltcup-Siege und der erste WM-Start mit Platz 7 versprachen die Erfüllung früherer Sportler-Träume von Olympia. »Ich bin mental stärker geworden. Früher habe ich meist Nervenflattern gehabt und entscheidende Fehler gemacht. Jetzt kann ich Druck einfach besser verarbeiten.« Das war in Nagano in einem spannenden Duell mit Teamkollegin Barbara Niedernhuber auch nötig. »Eigentlich hätte es zwei Goldmedaillen geben müssen«, sagte Bundestrainer Schwab nach einem Kopf-Kopf- oder, angesichts der Schlittenlage, besser: Fuß-an-Fuß-Rennen der beiden Deutschen, das am Ende die Thüringerin mit zwei Tausendstel vorn sah. Der knappste Vorsprung in einem olympischen Einzelrennen – ganze 4,6874 Zentimeter Vorsprung entschieden nach vier Fahrten im 1194 Meter langen Eiskanal über Gold.

Die Unzertrennlichen: Stefan Kraußе und Jan Behrendt absolvierten in Nagano einen goldenen Schlußakt ihrer Doppelsitzer-Karriere. Beim vierten Olympiastart gewannen sie nach 1992 zum zweiten Male Gold.

Hinzu kommen Silber von 1988 und Bronze 1994 in Lillehammer, was die beiden Oberhofer zum erfolgreichsten Duo der Rodel-Geschichte macht. 1982 saßen die beiden 30jährigen erstmals gemeinsam auf dem Schlitten – das 69-Kilo-Leichtgewicht Jan Behrendt als Untermann, der 90-Kilo-Recke Stefan Krauße oben drauf. Nagano erlebte ihre letzte gemeinsame »Dienstfahrt«. »Wir kennen uns seit der Einschulung 1974, passen als Rodel-Doppel bestens zusammen, weil wir das gleiche nach innen gehende, zurückhaltende Temperament haben«, sagt Stefan Krauße. »Wir haben fast immer erreicht, was wir uns vorgenommen haben. Es war eine schöne Zeit.« □

Nach 4 776 Metern Fahrt
Gold: Silke Kraushaar (beim Start)
Silber: Barbara Niedernhuber –
4,6874 Zentimeter zurück.

OLYMPIASIEGER

1964 Thomas Köhler
Ortrun Enderlein

1968 Thomas Köhler/
Klaus Bonsack

1972 Wolfgang Scheidel
Anna-Maria Müller
Horst Hörnlein/
Reinhard Bredow

1976 Dettlef Günther
Margit Schumann
Hans Rinn/Norbert Hahn

1980 Bernhard Glass
Hans Rinn/Norbert Hahn

1984 Steffi Martin
Hans Stanggassinger/
Franz Wembacher

1988 Jens Müller
Steffi Walther (Martin)
Jörg Hoffmann/
Jochen Pietzsch

1992 Georg Hackl
Stefan Krauße/Jan Behrendt

1994 Georg Hackl

1998 Georg Hackl

Dauerrivalen seit 1988 im olympischen Eiskanal:
Startnummer 3 – Georg Hackl (Deutschland)
Startnummer 11 – Jens Müller (Deutschland)
Startnummer 4 – Markus Prock (Österreich)

5 aus 9 – kein Lottospiel, sondern die Nagano-Medaillenbilanz von Rennrodel-Bundestrainer Thomas Schwab (Mitte). Da hat der Mann mit seinen Frauen Barbara Niedernhuber (links) und Silke Kraushaar gut lachen.

SOFT-EIS

Daß die Rodel-Asse aus Thüringen und Bayern der Konkurrenz zumeist vornwegfuhren, hatte mit deren individueller Klasse zu tun – aber nicht nur. Denn die von den Organisatoren engagierten Eismeister, die die »Spirale« bestens präparierten, kamen aus Altenberg, Oberhof und Königssee. Der 35jährige Ralf Mende, Chef eines perfekt funktionierenden Teams mit vielen Helfern, das 18-Stunden-Tage in den Eiskanal investierte, lieferte Spitzenleistungen ab – auch an den anderen sechs Olympiastätten.
Dabei ist Eis nicht gleich Eis. Die Kunstläufer brauchen einen weichen, dicken Untergrund, der die Sprünge dämpft. Eishockey-Spieler dagegen verlangen für ihre rustikalen Attacken einen harten Boden. Für Eisschnelläufer müssen gleichbleibende Verhältnisse garantiert sein, um einen fairen Wettkampf zu garantieren. Bei den Curlern werden höchste Ansprüche gestellt, damit die 20-Kilo-Steine perfekt rutschen. Bobfahrer und Rodler schließlich setzen auf weiche Kurven.
Für den Laien bleibt das alles eine Wissenschaft für sich: Das Eishockey-Eis im »Big Hat« war sieben Minusgrade kalt und drei Zentimeter dick, das der Eiskunstläufer im White Ring bei drei Grad minus 4,5 cm stark. Für die Short-Tracker, die an gleicher Stätte um die Medaillen liefen, wurde es auf fünf Grad abgekühlt. Gunda Niemann & Co. schließlich hatten in der M-Wave-Halle »Soft-Eis« unter den Kufen, drei bis vier Grad minus kalt und besonders gleitfähig.

»Ich glaube, Frauen sollten sich das nicht antun.« Untermann Jan Behrend spricht aus Erfahrung. »Beim Doppelsitzer herrschen ganz andere Belastungen als im Einer«, ergänzt Obermann Stefan Krauße.

RENNRODELN

Das »Rodeln« der Bauern in den Alpen und Mittelgebirgen wurde erstmals 1532 im Trachtenbuch von Conrad Schwarz erwähnt. Das erste »Wettschlitteln« organisierte 1883 der in Davos lebende Brite John Symonds. Es fand auf der Straße vom Bahnhof Laret nach Klosters statt und wurde vom Schweizer Postbusfahrer Peter Minsch gewonnen. Ein Internationaler Schlittensportverband konstituierte sich 1911 in Dresden. Die ersten EM wurden 1914 im böhmischen Reichenberg ausgetragen. Nachdem der Erste Weltkrieg die Entwicklung unterbrochen hatte, liefen die Skeletonfahrer den Rennrodlern den Rang ab: 1928 und 1948 waren sie olympisch. Da ihr Sport damals aber nur in St. Moritz betrieben werden konnte, diskutierte man 1954 im IOC die Anerkennung von Rennrodeln. Davon angespornt wurden 1955 die ersten WM ausgerichtet. 1957 wurde der Internationale Rennrodel-Verband (FIL) gegründet. Die ersten Olympiamedaillen wurden 1964 vergeben.

MARKUS PROCK

…FIND ICH GUT!

33 Jahre alt, Berufssoldat aus Mieders (Österreich), Rodler seit 1977, Weltmeister 1987 und 1996, Olympia-Zweiter 1992 und 1994, fünfmaliger Olympia-Teilnehmer 1984 bis 1998, siebenmaliger Weltcup-Gewinner, Europameister 1994 und 1998.

Auslassen, nehmen, gegenhalten

Zwölf Jahre war ich alt, als mein Vater in der Zeitung von einem »Tag der offenen Tür« auf der Rodelbahn in Innsbruck-Igls las und meinte: »Probier das mal!« Die Blöße, nein zu sagen, konnte ich mir natürlich nicht geben. Ein Angsthase war ich noch nie, später habe ich die Bahn sogar mal per Mountainbike bewältigt. Aber ganz wohl war mir bei der Sache dennoch nicht. Mir ist es schon ziemlich schnell vorgekommen, was da ablief, und an so etwas wie Ideallinie oder kleinstmöglichen Luftwiderstand habe ich keinen einzigen Gedanken verschwendet. Ankommen hieß es, obwohl nur die letzten vier, fünf Kurven zu absolvieren waren – im dicken Anorak und mit schweren Winterschuhen, die die Organisatoren sicherheitshalber durch Helm und Handschuhe ergänzt hatten. Beim zweiten Versuch tags darauf durfte ich schon ein Stück weiter oben starten – dumm angestellt habe ich mich jedenfalls ganz offenbar nicht. Zwei, drei Wochen später fuhr ich mein erstes Rennen – Rodeln hatte gegen meine zweite sportliche Leidenschaft, den Fußball, gewonnen. Ein gewisses Talent hatte ich wohl aus den heimatlichen Tiroler Bergen und Tälern mitgebracht. Als Knirps lernte ich auf den Waldwegen, wie ich mich auf den massigen Hornschlitten aus Holz nach rechts oder links legen mußte, wollte ich nicht zwischen die Bäume rasen. Heute kann ich gedanklich fast jede Bahn der Welt sezieren, wie eine Folge bewegter Bilder setzt sich zusammen, was ich unterwegs Kurve für Kurve, Gerade für Gerade zu tun habe: auslassen, nehmen, gegenhalten, nehmen, auslassen. Als Rodler braucht man Athletik, Risikobereitschaft, Intuition, aber auch Routine und Erfahrung. Vieles ist das Ergebnis jahrelangen Übens. Ich bin zwar nicht der große Tüftler und Bastler wie mein deutscher Dauerkontrahent Georg Hackl, aber dafür einer, der gern trainiert, Stunden im Kraftraum zubringt. Das hat mich zu einem der besten Starter auf den Rodelbahnen der Welt gemacht. Als ich als 12jähriger erstmals ein Stückchen talwärts fuhr, war das für mich ein Spiel. Inzwischen ist daraus ein Beruf geworden. Aber das Wichtigste – die Freude am Rodeln –, die ist geblieben. Die Faszination der Geschwindigkeit, das ständige Streben nach Beherrschung des Schlittens, das sind die Dinge, die auch nach zwei Jahrzehnten ihre Anziehungskraft nicht verloren haben. Und die sie auch behalten werden, wenn ich meinen Rennrodel mal in die Ecke stellen werde. Vermutlich werde ich dann, so wie jetzt mit meiner zweieinhalbjährigen Tochter, nur einmal im Jahr beim Mondschein-Rodeln auf dem Schlitten sitzen.

Der Abschied vom Wettkampfsport wird schwer werden, denn bisher ist das mein Leben gewesen. Mag sein, daß ich auch deshalb so daran hänge, weil es bei uns etwas wärmer, familiärer und herzlicher zugeht als in den Disziplinen, wo viel Geld zu verdienen ist.

BOBSPORT

ボブスレー

Jubelnde Olympiasieger: Deutschland II mit Pilot Christoph Langen, den Anschiebern Markus Zimmermann und Marco Jakobs sowie »Bremser« Olaf Hempel.

Die Japaner haben etwas übrig für Geschwindigkeit. Deshalb waren die Tickets für die beiden olympischen Bob-Wettbewerbe im »Spiral« genannten Eiskanal von Nagano auch lange vor Beginn der Winterspiele ausverkauft. 10 000 Zuschauer drängten sich dicht an dicht an der 1360 Meter langen, 9,3 Billionen Yen teuren Bahn, die vom Start in 1208 Meter Höhe bis zum Ziel 106 Meter tiefer ein durchschnittliches Gefälle von 10,7 Prozent hat. Ihr achtungsvolles Staunen über die mit Kilometer-Tempo 120 und mehr talwärts rasenden Kufengefährte äußerte sich in Dauerfotografieren, lauten »Ooohs« und »Aaahs«, gegenseitigem aufgeregtem Schulterklopfen: Hast du das gesehen?

Es gab, von den Geschwindigkeiten und Fahrkünsten der Piloten in den Zweier- und Vierer-Schlitten mal abstrahiert, in der Tat bei diesen olympischen Entscheidungen eine Menge Ungewöhnliches. Bobs aus Ländern wie Jamaika, Puerto Rico, Japan, Irland, Monaco (im Vierer mit Prinz Albert, dem Thronfolger des Landesfürsten, an den Lenkseilen), Australien, Neuseeland, Trinidad oder Taipei-China gehören einstweilen nicht unbedingt in diese Kategorie, man hat sich aber längst an diese »Sonderlinge« in ihren »fliegenden Kisten« gewöhnt. Daß indes gleich zweimal Medaillenentscheidungen zwei Mannschaften auf die Hundertstel genau gleichauf sehen, ist ein olympisches Novum. Im Zweier-Wettbewerb war zwischen den Italienern Günther Huber/Antonio Tartaglia und dem Deutsch-Kanadier Pierre Lueders, dessen Eltern Heinz und Käthe Ende der 50er Jahr aus dem verträumten märkischen Buckow über den »großen Teich« nach Übersee aufbrachen und heute in Edmonton zu Hause sind, und seinem Bremser David MacEachern nach vier Läufen keine sportliche Differenz auszumachen. Es wurde zweimal Gold vergeben. Ein Erfolg auch für den Trainer und Berater Meinhard Nehmer, den 57jährigen von der Insel Rügen, der als einziger Bob-Pilot der Welt bisher drei olympische Goldmedaillen gewonnen hat und heute den Italienern sein Wissen weitergibt. »Günther ist seit Jahren fahrerisch der Beste«, lobt Nehmer seinen Schützling aus der berühmten Rennrodel-Dynastie der Hubers. Als ihm die Brüder Norbert, Wilfried und Arnold keinen Stich auf dem kleinen Schlitten mehr gaben, stieg Günther kurzerhand in die »Formel 1 des Eiskanals« um – und ist dort nun ein Champion.

Auch im Viererbob standen zwei Quartette auf dem Bronzeplatz des Siegertreppchens. Während die Franzosen mit Bruno Mingeon auf Position 1 ihre erste Bob-Medaille in der olympischen Geschichte überhaupt gewannen, hatten die Briten um Sean Olsson 30 Jahre nach dem Zweier-Olympiasieg von Nash/Dixon wieder mal Anlaß zum Feiern. Und wie bei Italien freute sich ein Deutscher ausgelassen mit: Horst Hörnlein, seit einigen Jahren Cheftrainer der britischen Bobfahrer, war 1972 in Sapporo für die DDR gemeinsam mit Reinhard Bredow Olympiasieger der Rennrodel-Doppelsitzer geworden. Übrigens zeitgleich mit den Italienern Hildgartner/Plaikner.

»Ich denke, daß man das, was man an wilder Aggressivität verliert, mit Erfahrung und gelassenem Kalkül mehr als wettmacht. Wenn heute mal der Erfolg ausbleibt, bringt mich das nicht mehr aus der Ruhe.«

Reto Götschi, Schweiz

Weder die Briten, die Franzosen noch die zweitplazierten Schweizer aber hatten eine Chance gegen das überlegene Quartett des Unterhachingers Christoph Langen. Sechs Zehntel Vorsprung nach drei Läufen; einer mußte am ersten Tag der Konkurrenz wegen Dauerregens abgesetzt und ersatzlos gestrichen werden. Eine ähnliche Überlegenheit in olympischen Viererbob-Wettbewerben gab es letztmals 1980 in Lake Placid. Da war Meinhard Nehmers Crew am Ende eine knappe Sekunde schneller gewesen als der Schweizer Schlitten mit Erich Schärer an den Lenkseilen. Für den 35jährigen Langen, der bereits Bronze im Zweier gewonnen hatte und damit bester Allrounder der Winterspiele wurde, war es nach wechselvollen Jahren die Krönung schlechthin. »Olympia ist das Höchste. Weltmeister gibt es viele, aber Olympiasieger kann man nur alle vier Jahre werden. Da muß alles auf den Tag genau passen, und bei uns paßte es diesmal ganz offensichtlich am besten.« Unmittelbar vor dem Wettbewerb, noch in Nagano, hatte der Bundeswehr-Hauptfeldwebel für sein Streben nach noch mehr athletischer Power sogar einen seiner Stammleute ausgetauscht. Für Kai-Uwe Kohlert, schon seit fast einem Jahrzehnt im Langen-Schlitten, kam Diskuswerfer Marco Jakobs (Bestleistung 64,96 m) auf die Position drei. Eine schwere Entscheidung, zumal Kohlerts Schwester Madeleine Langens Freundin ist. »Für die beste sportliche Leistung muß man auch Entscheidungen treffen können, die unpopulär sind.« Mit Jakobs konnten die Startzeiten weiter gesteigert werden – »und für diesen möglicherweise entscheidenden Vorteil im Kampf um die Medaillen haben wir sogar gehungert«. Denn mit dem neuen 115-Kilo-Mann lag das Quartett plötzlich 20 Kilo über dem erlaubten Bruttogewicht (samt Team) eines Viererbobs von 630 kg. »Wir haben so konsequent gefastet, daß wir im Wettbewerb schließlich mit zehn Kilo zu wenig gefahren sind«, erzählt Langen. In seinem Bob saß mit Olaf Hampel übrigens auch ein Sieger von Lillehammer. Der 32jährige Ex-Sprinter war 1994 mit Pilot Harald Czudaj erfolgreich. »Meines Wissens bin ich der erste Bremser, dem so etwas gelungen ist«, meint Hampel.

Czudaj, nach glänzenden Saisonleistungen als einer der Mitfavoriten angereist, kam mit der Bahn nicht zurecht und war nach eigenem Bekunden »über den Formhöhepunkt des Winters hinaus«. Dazu kam ein Mißgeschick von Bremser Steffen Görmer beim Einstieg zum ersten Lauf. Platz 8 verhinderte, daß Torsten Voss, der Mann hinter dem Piloten, ein Kunststück wiederholen konnte, das vor ihm nur zwei Männer und eine Frau vollbracht haben. Edward Eagan (USA – Box-Gold 1920, Bob-Gold 1932), Jacob Tullin Thams (Norwegen – Skisprung-Gold 1928, Segel-Silber 1936) und Christa Rothenburger (DDR – Eisschnellauf-Gold 1988, Radsprint-Silber 1988) gewannen olympische Medaillen bei Sommer- und Winterspielen. Voss, 1988 in Seoul Olympia-Zweiter im Zehnkampf und im Dezember 1994 zum Bobsport gewechselt, hätte in Nagano die Nummer 4 in dieser »Ahnengalerie« werden können. □

Hopp, hopp Schwyz! Silber für chweiz I nach drei Läufen mit Pilot larcel Rohner und seiner Besatzung larkus Nüssli, Markus Wasser und eat Seitz. – In der olympischen eschichte gab es das dritte Mal im iererbob einen Wettbewerb, bei dem icht alle vier Läufe ausgefahren werden onnten. 1928 beließ man es wegen ıhneinbruch bei zwei, 40 Jahre später ar das Programm wegen Tauwetters ıf zwei reduziert.

OLYMPIASIEGER

CHRONIK DEUTSCHLAND

1952 Anderl Ostler/Lorenz Nieberl (Zweier)

Anderl Ostler/Fritz Kuhn/Lorenz Nieberl/Franz Kemser (Vierer)

1972 Wolfgang Zimmerer/Peter Utzschneider (Zweier)

1976 Meinhard Nehmer/Bernhard Germeshauen (Zweier)

Meinhard Nehmer/Jochen Babock/Bernhard Germeshausen/Bernhard Lehmann (Vierer)

1980 Meinhard Nehmer/Bogdan Musiol/Bernhard Germeshausen/Hans-Jürgen Gerhardt (Vierer)

1984 Wolfgang Hoppe/Dietmar Schauerhammer (Zweier)

Wolfgang Hoppe/Roland Wetzig/Dietmar Schauerhammer/Andreas Kirchner (Vierer)

1994 Harald Czudaj/Karsten Brannasch/Olaf Hampel/Alexander Szelig (Vierer)

1998 Christoph Langen/Markus Zimmermann/Marco Jakobs/Olaf Hampel (Vierer)

Die Doppelrolle des Prinzen

Er wohnte mit den Athleten im Olympischen Dorf, er trug sich ein viertes Mal selbst in die Startlisten ein: Albert Grimaldi. Dem obersten Gremium der Olympier, dem IOC, gehört er als Prinz Albert von Monaco seit 1985 an. Es war auch für ihn ein außergewöhnlicher Moment, als er den vier Olympiasiegern im Zweier-Bob aus Italien und Kanada ihre Goldmedaillen überreichen konnte. In den Ergebnislisten von Nagano findet man ihn mit seiner Crew im Viererbob-Wettbewerb auf dem 28. Platz. 7,73 Sekunden langsamer als Olympiasieger Deutschland. Das Bobfahren hatte er übrigens auf der olympischen Bahn von Innsbruck-Igls erlernt.

BOBSPORT

Es begann im Winter 1888/89, als in Davos ein Kurgast aus New York, Stephen Whitney, zwei niedrige »Americas«-Schlitten durch ein Sitzbrett koppelte, den vorderen Schlitten lenkbar machte und das Gefährt »bob-sled« nannte. 1892 fand das erste Bobrennen statt, 1903 baute man entlang der Straße von St. Moritz nach Celerina die erste Bahn. Unter den Playboys in den mondänen Alpen-Kurorten grassierte bald das Bob-Fieber. Selbst vornehme Damen und königliche Hoheiten schreckten nicht davor zurück, in die Schlitten zu steigen, an deren Gestalt ständig getüftelt wurde. Belebend wirkte sich die I. Olympischen Winterspiele 1924 aus, weshalb 1923 ein internationaler Verband gegründet wurde. Anfangs stand nur der große Schlitten auf dem Programm, der wahlweise mit vier oder fünf Mann gefahren werden konnte. Seit 1932 sind die Zweier und Vierer zugelassen. Die Jahre währende »Materialschlacht« unter den Konstrukteuren wurde 1990 mit der Einführung des Einheitsbobs beendet.

... FIND ICH GUT!

MEINHARD NEHMER

57 Jahre alt, lebt auf der Insel Rügen, einst Speerwerfer, seit Winter 1973 Bobfahrer. Gewann von 1976 bis 1980 bei Olympia, WM und EM acht Gold-, drei Silber- und vier Bronzemedaillen. Einziger Bob-Pilot der Welt mit drei Olympia-Siegen: 1976 Zweier und Vierer, 1980 Vierer. Heute Cheftrainer der italienischen Bobfahrer, die in Nagano Gold im Zweier holten.

Mit dem Bob geschlafen

Der ist als Sprinter geboren worden, sagt man zum Beispiel von manchem Leichtathleten. Ich bin, das kann ich ruhigen Gewissens sagen, keinesfalls als Bobfahrer auf die Welt gekommen. Erst im reifen Alter von 33 Jahren saß ich zum erstenmal in jenem spröden Gefährt, das bei Tempo 120 talwärts schon bleiche Nasenspitzen produzieren kann. Als Speerwerfer hatte ich es immerhin zu Bronze bei DDR-Meisterschaften gebracht, ehe eine Operation dieser Karriere ein Ende setzte. Bei der Einladung zum Training nach Oberhof hatte ich keine richtige Vorstellung, was mich erwartete. Aber ich hatte einen Hang zum Risiko, zu verrückten Sachen – und wurde nicht enttäuscht! Die Beschleunigung, mit der es im Schlitten losging, der Kurvendruck, das sorgte für Kitzel, war faszinierend und angenehm zugleich.

Mit ganz alten, starren Geräten haben wir damals angefangen, haben uns systematisch von unten nach oben gearbeitet. Wir haben uns, die Technik, die großen und kleinen Tricks Schritt für Schritt entdeckt – und dann war es doch so, als ob man als Bobfahrer neu, eben ein zweites Mal, geboren wurde. Ganz und gar als Pioniere fühlten wir uns, wir tüftelten, bastelten, verzweifelten und jubelten, wenn wir dabei sein durften, wie allmählich etwas entstand. Das war viel mehr meins als das Speerwerfen, das abgeschlossen, endgültig und ohne Überraschung daherkam. Die beiden Olympiasiege 1976 waren der wunderbare Lohn für all die zuvor investierten Mühen. Manchmal habe ich regelrecht mit dem Bob geschlafen – wie konnte man den »blauen Blitz« bei höchster Geschwindigkeit noch besser beherrschen?

Angst hatte ich auch nie, statt dessen stets das Gefühl, irgendwie ginge es noch schneller. Wer in unserer Disziplin mit der Vorgabe in den Eiskanal geht, hoffentlich wird es nicht zu rasant, der wird nicht vorn landen. Das schließt Respekt vor der Bahn nicht aus.

カーリング

CURLING

Diese kanadischen Frauen werden wohl Nationalheldinnen werden. Es ist schon eine Augenweide, wie Joan McCusker (Mitte) im Finale gegen Dänemark den Stein auf den goldenen Weg bringt ...

Was verbindet einen Verkaufsleiter für orthopädische Produkte, einen Bankdirektor, einen Computer-Ingenieur, den Beisitzer einer Sanitär-Installationsfirma und einen Feinmechaniker?

In der Kazakoshi Park Arena von Karuizawa wurde diese Frage auf besondere Weise beantwortet – Olympia-Gold! Das Schweizer Curling-Team der Männer besiegte im Finale den haushohen Favoriten Kanada mit dem Golfprofi Mike Harris als Skip (Mannschaftskapitän) an der Spitze überraschend mit 9 : 3. Zuvor hatten die Frauen mit dem Ahornblatt auf der Kleidung allerdings die Ehre des Curling-Mutterlandes mit einem 7 : 5 gegen die Däninnen, die damit die erste olympische Wintersportmedaille für ihr Land überhaupt gewannen, gerettet und waren – da das Frauen-Endspiel vor dem der Männer stattfand – die ersten Curling-Olympiasieger der Geschichte geworden.

> **»Curling ist Billard auf einem 40 Meter langen Tisch.«**
>
> **Mike Harris, Kanada**

Daß die Schweizer mit Skip Patrick Hürlimann (der Verkaufsmanager) und seinem Vize Patrik Loertscher (der Züricher Bankdirektor) so dominierten, spricht für den Hang der Eidgenossen zur Perfektion. Der zählte am Schluß mehr als der Status von »Hobby-Sportlern«, den der 34jährige Hürlimann im Vergleich mit den Teams aus Schweden, Kanada oder Japan ausgemacht hatte. Am Ende sah er darin sogar einen Vorteil. »Wir sind in verschiedenen Orten zu Hause, sehen uns nicht jeden Tag und gehen uns deshalb auch nicht auf den Wecker. Das schafft Harmonie.« Die fehlte möglicherweise in den deutschen Teams, die bei den Männern vom CC Füssen und bei den Frauen vom SC Riessersee gestellt wurden. Als Mitfavoriten angereist – immerhin sind die einen Europa- und Vizeweltmeister des Jahres 1997, die anderen seit 1986 fünfmal Europa-Champion und 1992 Gewinner des olympischen Demonstrationsturnieres –, blieben sie weit unter den Erwartungen und mußten bei je einem Sieg und sechs Niederlagen mit dem achten und letzten Rang vorliebnehmen.

Ob Curling, nach vier olympischen Probeanläufen erstmals im offiziellen Programm, seine Premiere erfolgreich bestanden hat, wird sicher unterschiedlich beurteilt. Die Austragung 70 km entfernt von Nagano verwehrte dem Turnier die ganz große öffentliche Aufmerksamkeit. Außerdem hat der auch als »Schach auf dem Eis« beurteilte Sport nach wie vor mit Vorurteilen zu kämpfen. Die teilnehmenden Athleten – Ältester war der 50jährige Kanadier Paul Savage, Jüngste die 19jährige Japanerin Akiko Katoh – bieten nicht immer das Bild von Modellathleten. »Nachttopfschieben« oder »Hausfrauensport« gehören noch zu den freundlicheren Bemerkungen von Laien über eine Disziplin, die aus Sicht ihrer Athleten durch die olympische Anerkennung endlich auch einmal bestätigt bekommt, daß sie »mehr ist als Wärmflasche schießen und Küche kehren«. 1,2 der geschätzten 1,5 Millionen Curler kommen aus Kanada, der Rest verteilt sich auf weitere 30 Länder weltweit, die Mitglied des internationalen Verbandes sind. Dabei reicht das Spektrum von den Jungfern-Inseln bis nach Mexiko und Korea.

Deutschland muß mit 650 Steinschießern und Besenschwingern (die durch ihr Fegen die per Gießkanne auf das Eis aufgebrachten kleinen Hügelchen, die Pebbles, erwärmen und einen Film entstehen lassen, um dadurch Richtung und Streckenlänge der Steine zu beeinflussen) auskommen. »Es kommt weniger auf die rohe Kraft an, als darauf, mental fit zu sein. Dann kann man so strategisch geschickt vorgehen, daß man die Steine des eigenen Teams ideal im Tee, im Zentrum des Hauses, plaziert. Das ist eine Wissenschaft«, sagt der deutsche Teamchef Dieter Lehmann. Mag sein, daß die Schweizer mit ihrer beruflichen Zusammensetzung da Vorteile hatten.

Für die Deutschen blieb nur ein Trost: Nach alter Sitte sitzen bei den Curlern beide Teams nach den Spielen zusammen und der Sieger muß einen ausgeben … So gesehen war es ein preiswertes Olympia für die Athleten aus Füssen und Riessersee. □

Ein ungewöhnliches Team läßt seinen »Manager« hochleben: Skip Patrick Hürlimann führte die Eidgenossen gegen den 100:1-Favoriten Kanada zum Olympiasieg.

CURLING

Curling wird mindestens seit 1511 gespielt, denn in Schottland fand sich ein Curling-Stein aus Granit mit dieser Jahreszahl in der Inschrift. Bis heute fertigt man das Sportgerät aus schottischem Granit, und der Royal Caledonian Club in Edinburgh gilt unverändert als Nabel der Curling-Welt. Auch die Internationale Föderation hat ihren Sitz in der schottischen Hauptstadt.

Durch die Schotten und Engländer kam Curling in die Schweiz, wo es in den vornehmen Alpen-Kurorten als willkommene Abwechslung angesehen wurde. Von dort aus verbreitete sich der Sport in Europa, wobei Curling vor allem in Deutschland und Österreich auf die Konkurrenz des Eisstockschießens traf, das 1936 und 1964 zum olympischen Rahmenprogramm gehörte. Doch die Curler waren schneller: Sie standen schon 1928 und 1932 auf dem Eis und kehrten 1988 zurück, wobei sie sich zunächst mit dem Status einer Demonstrationssportart begnügen mußten. Nagano 98 sah sie nun erstmals mit allen olympischen Rechten.

… FIND ICH GUT!

BERND PINSCHKE

47 Jahre alt, Kraftfahrzeug-Elektriker aus Berlin, Curler seit 1986, zweimal Norddeutscher Meister, einmal Internationaler Deutscher Senioren-Meister mit dem Berliner Schlittschuh-Club.

Das Wischen kostet die meiste Kraft

Berlin ist eine Millionen-Stadt, aber als Curler gehört man zu einer kleinen Schar von Auserwählten. Nicht mal ein Dutzend Aktive sind wir in unserem Verein – es war halt schon immer etwas einsamer, wenn man einen besonderen Geschmack hatte. Aber vielleicht macht ja auch gerade das ein Stück der Anziehungskraft dieser Sportart aus, die im Grunde von jedermann oder -frau ausgeübt werden kann. Auch von einem spätberufenen Freizeit-Curler wie mir. Als ich vor mehr als einem Jahrzehnt auf dem Schreibtisch eines Arbeitskollegens einen Meisterschaftspokal entdeckte, fragte ich erstaunt, worin er denn Deutscher Meister sei. Es war vermutlich das erste Mal, daß ich das Wort Curling überhaupt hörte. Er sprach voller Begeisterung, und ich verstand überwiegend Bahnhof. Es dauerte eine Weile, ehe ich der Aufforderung, mich selbst mal mit Stein und Besen zu versuchen, nachkam. Aber als es dann geschah, da hat mich dieser Sport auf Anhieb fasziniert. Meine Voraussetzungen waren besser, als ich dachte. Als Kegler hatte ich stets eine relativ gute Figur abgegeben, und der Bewegungsablauf beim Curling kommt dem mit der Kugel relativ nahe. Curling sorgt für körperliche Fitneß – und das bis ins hohe Alter. Aber wer die Sache nur mit Muskeln angeht, kann leicht das Nachsehen haben. Für die passionierten Curler aus Kanada oder Schottland, dem Mutterland dieses Sports, ist der schweißtreibende Umgang mit dem 18 bis zwanzig Kilo schweren Granitstein so etwas wie Lebensphilosophie und Weltanschauung zugleich. Während es für die jungen Leute von heute in vielen ihrer favorisierten Sportarten einfach knallen und krachen muß und blaue Flecken als Attraktivitätsnachweis gelten, zählen bei uns in erster Linie Ruhe, Körperbeherrschung, Konzentration und vorausschauendes Denken. Und Kondition muß man haben. Ein Turnier mit sieben Spielen in drei Tagen – zusammengerechnet kommen da leicht 15 Rutsch-Kilometer auf dem Eis zusammen. Das Steinelegen in den Zielkreis, das sogenannte *Haus*, ist dabei sogar eher eine Erholung. Richtig zur Sache geht es beim Wischeinsatz im ›Besengeschwader‹, der die Dreh-, die *Curl*-Bewegung des Steines beschleunigen soll und sogar deren Richtung verändern kann. Vier bis zehn Meter Streckenverlängerung sind durch das Schrubber-Stakkato möglich. Die Steine des Gegners aus dem *Haus* schießen, die eigenen so plazieren, so daß der Kontrahent beim Schach auf dem Eis in Materialnot kommt – das ist die hohe Kunst beim Curling. Dafür muß man das Eisen ›lesen‹ können und seine Züge im voraus planen. Kriegt man dann seinen Versuch so hin, wie man es geplant hat, ist das ein gewaltiges Erfolgserlebnis – für die ersten Olympiasieger dieses Sports in Nagano genauso wie für einen aus der kleinen Schar Berliner Curler.

EISHOCKEY

アイスホッケー

Patrick Roy ist ein herrliches Exemplar von einem Kauz. Wenn der Kanadier im Eishockey-Tor steht, zuckt er am ganzen Körper und vertieft sich in Selbstgespräche. Doch was er vor sich hin babbelt, »das weiß ich selber nicht. Keine Ahnung.« Verläßt er das Spielfeld, vermeidet er es, seine Kufen auf blaue und rote Linien zu setzen und hüpft drüber. Aberglaube in seiner extremen Form. Doch wenn ein Puck auf Patrick Roy zusaust, dann fährt er Fanghandschuh und Beinschienen aus, und fast wird es zur Unmöglichkeit, ihn zu überwinden. Seit Nagano ist er eine Berühmtheit.

Oder Dominik Hašek, der ist auch so ein Typ. »Mein Job«, sagt der Tscheche, »ist es, den Puck zu stoppen. Notfalls mit dem Kopf.« Er gilt als schwierig, ein Trainer-Killer und gerne auf Konfrontation mit der Öffentlichkeit aus. Doch in Nagano ist er zum Helden geworden, zum vorbildlichen Teamarbeiter. Und zum Olympiasieger. Ein weltweites Fernsehpublikum hat noch weitere tolle Spieler kennengelernt, die das »Coolest Game on Earth« betreiben. Wie Pawel Bure, ob seiner Geschwindigkeit »The Russian Rocket« genannt. Fünf Tore erzielte er beim 7:4-Halbfinalsieg gegen Finnland und erinnerte sich hinterher, »nur einmal noch öfter in einem Spiel getroffen zu haben; als Zwölfjähriger beim 30:0-Sieg von ZSKA gegen Lokomotive Moskau gelangen mir neun Treffer«. Oder den Finnen Teemu Selänne mit dem unheimlichen Instinkt für Tore und entscheidende Pässe. Oder den Tschechen Jaromir Jágr mit der unterm Helm hervorwehenden Mähne.

So gesehen war es gar nicht mal so unpassend, daß die Medaillen überraschend an Tschechien, Rußland und Finnland gingen und für die Favoriten Kanada und USA lediglich die Plätze vier und sechs blieben. Denn die ganz großen Namen aus deren Teams – Wayne Gretzky, Eric Lindros, Ray Bourque, Brian Leetch, Brett Hull, Chris Chelios – mußten ohnehin

◁ **Schon im Viertelfinale gegen die USA im Brennpunkt: Petr Svoboda. Der Tscheche mit der Nummer 23 von den Philadelphia Flyers schoß im Endspiel gegen die Russen das goldene Tor, war aber zugleich mit 39 Strafminuten das Rauhbein des Turniers.**

nicht mehr propagiert werden, sie waren schon vor den Spielen ein Begriff.

Klar: Bei der erstmaligen Teilnahme der NHL-Profis an Olympia sah das Drehbuch zunächst schon ein Finale zwischen den ausschließlich aus Top-Spielern gebildeten Teams von Kanada und den Vereinigten Staaten vor. Doch daraus wurde nichts. Die USA starteten mit einer 2:4-Pleite gegen Schweden (übrigens deren einzige Großtat) ins Turnier und unterlagen im Bruderduell mit Kanada 1:4 – laut weiterem Spielplan hätten somit die Amerikaner den Kanadiern nur noch im Halbfinale begegnen können. Aber soweit kam es nicht, denn die US-Boys leisteten sich den nächsten Schnitzer: ein 1:4 gegen Tschechien im Viertelfinale. Schon zuvor war publik geworden, daß es die Spieler mit dem sportlichen Lebenswandel nicht so genau nahmen: Jeremy Roenick, Chris Chelios und Brett Hull wurden gar eines Morgens um fünf Uhr beim Karaoke im »Pink Elephant« gesichtet. Hulls Dementi (»An acht von zehn Abenden war ich um acht im Bett und habe noch Kreuzworträtsel gelöst«) nahm niemand wirklich ernst.

»Die weltweite Werbung für unseren Sport ist gigantisch. Ein besseres Forum als Olympia kann man sich gar nicht wünschen.«

Wayne Gretzky, Kanada

Im Gegensatz zu den Nachbarn randalierten die Kanadier wenigstens nicht, sie schlichen schweigend von dannen, nachdem sie im Penaltyschießen des Halbfinals gegen Tschechien verloren und tags darauf auch noch Bronze durch ein 2:3 gegen Finnland vergeben hatten. Das Gefühl nach dem Verpassen des Finales? »Es ist so, als hätten wir ein wichtiges Spiel in einer Play-Off-Serie verloren«, resümierte Verteidiger-Legende Ray Bourque, ließ aber erkennen: Eine Niederlage in einem Stanley-Cup-Endspiel hätte alle härter getroffen. Olympia war für die Prominenz aus der NHL ein Zusatzprogramm – was allerdings »The Great One« Wayne Gretzky nicht daran hinderte, auch in der Niederlage Größe zu zeigen, denn er ließ sich trotz aller Schmach auch zur großen Abschlußfeier blicken …

Anders sah das Ganze für die Europäer aus. »Wir haben gehört, daß sich in Prag auf dem Wenzelsplatz morgens um sechs bei winterlicher Kälte 150 000 Menschen versammelt haben, um uns auf der großen Leinwand zu sehen. Viele verfolgten das Finale auch im Kino«, wußte Tschechiens Tormann Dominik Hašek von außerordentlicher Begeisterung in der Heimat zu berichten. Da fühlte man eben schon eine besondere Verpflichtung, im fernen Nagano Ehre einzulegen – und dann ging es ausgerechnet noch gegen Rußland; jener Klassiker also und auch ein Bruderduell, das über Jahrzehnte unter »ČSSR – UdSSR« lief und zahlreichen olympischen und WM-Turnieren die Krone aufgesetzt hatte. Spontan charterten die Tschechen nach dem 1:0-Finalsieg einen Flieger, um schnellstmöglich bei ihrer Fangemeinde in Prag zu sein. Erstmals überhaupt gewann Tschechien, das mit elf die wenigsten NHL-Spieler unter den sechs Dream Teams nominiert hatte, in der olympischen Eishockey-Geschichte Gold. Und auch Vize Rußland war zufrieden. Coach Wladimir Jursinow: »Die Welt hat gesehen: Auch in Europa arbeiten hervorragende Trainer.«

Und wie spielte Deutschland? Verabschiedet nach der Vorrunde, Ziel Gruppensieg verpaßt! Dabei nahm sich die Bilanz von drei Siegen aus vier Spielen gar nicht mal so schlecht aus. Das Pech eben war, daß zur wichtigen zweiten Begegnung gegen Weißrußland die NHL-Legionäre Uwe Krupp (Colorado), Marco Sturm (San José) und Olaf Kölzig (Washington) nicht rechtzeitig eintrafen. Kölzig erlebte das deutsche 2:8-Desaster, durch das das Erreichen der Finalrunde bereits ausgeschlossen war, vor dem Fernsehgerät in einer Lounge am Flughafen Tokio-Narita, drei Zugstunden von Nagano entfernt, mit und wollte »gleich wieder in den Flieger zurück nach Amerika steigen«. Er blieb dann aber doch, und mit Krupp, Sturm und Kölzig gelang der deutschen Mannschaft ein sicherer 2:0-Sieg gegen Frankreich und in der Partie mit der Slowakei um Platz neun ein prestigeträchtiges 4:2-Erfolgserlebnis. Das war's dann aber auch. □

LADIES-HOCKEY

Es sind nur noch Jahreszahlen für das Geschichtsbuch. 1892 zufolge eröffneten Frauen in Barrie, im kanadischen Bundesstaat Ontario gelegen, das erste Kapitel des »Ladies-Hockeys«. 1916 wurde in Cleveland/Ohio das erste Turnier ausgespielt, 1990 fanden in Kanada die ersten Weltmeisterschaften statt, 1998 erlebten die Frauen ihre olympische Taufe. Für die Experten aus Nordamerika stand die Finalpaarung mit Kanada, dem Weltmeister, und den USA, dem WM-Finalisten, der sich 1997 erst in der 13. Minute der Verlängerung beugen mußte, fest. Als die Partie Realität wurde, sollte Manuela Gröger aus Füssen sie leiten. Sie hatte diese Paarung in der Vorrunde bravourös über die drei Drittel gebracht. Eine Grippe verhinderte, daß die 29jährige Verkäuferin noch einmal auflaufen konnte. Von der in Nagano von Tür zu Tür gehenden Grippe wurden beide Teams nicht betroffen. Die US-Ladies gewannen 3 : 1 und lösten einen Freudentaumel zu Hause aus. Zum gleichen Zeitpunkt zertrümmerten im tiefsten Frust die Cracks aus den USA Zimmereinrichtungen im Olympischen Dorf. Anders ihre Frauen, auch wenn die Ladies auf dem Eis tüchtig zur Sache gingen. Sie haben sich weltweit in die Herzen gespielt, wenn sich die Zahl der Spielerinnen derzeit auch noch in Grenzen hält – 24 000 sind es in Kanada, 20 000 in den USA, 1 400 in Schweden, 2 000 in Finnland. Es ist ihnen eine glänzende Zukunft vorauszusagen. »Männer erfanden Hockey, Frauen perfektionieren es«, behaupten Insider. Dazu trugen auch Finnlands Frauen bei, die das kleine Finale gegen China gewannen, wie auch die Spielerinnen aus Schweden und Japan.

Der Leiter der Prager Wasserwerke hatte vorgesorgt. Als in den Drittelpausen in den frühen Morgenstunden des Sonntags mehr als zwei Millionen Tschechen nahezu gleichzeitig die Spülung ihrer Toilette betätigten, kam es nicht zu einem kläglichen Gurgeln wie noch im Sommer 1996. Damals saßen die Wasserwerke während der Fußball-Europameisterschaft beim Finale gegen Deutschland buchstäblich auf dem Trocknen

in alles überragender Dominik Hašek, der
i der Saison 1996/97 zum wertvollsten
pieler der NHL gekürt wurde, brachte auch
ie Russen schier zur Verzweiflung und ließ
e im wahrsten Sinne des Wortes auf dem
rockenen sitzen. Wladislaw Tretjak, der
egendäre Goalie und dreimalige Olympia-
eger mit der UdSSR, kam aus dem Schwär-
ıen nicht mehr heraus: »Der hat gehalten
vie ein Gott. Dominik ist Gold wert!«

EISHOCKEY

Als Geburtsstunde des Eishockeys gilt das Jahr 1843, als in Kanada stationierte britische Soldaten im Hafen von Kingston auf dem Eis mit einem Ball Hockey spielten, was sie »Shinney« nannten. 1860 wurde hier erstmals eine Scheibe, Puck genannt, verwendet. 1879 stellte man erste Spielregeln auf. Ein Jahr später wurde in Montreal der erste Club gegründet. Ab 1893/94 wurde der Stanley-Cup ausgetragen. In Europa hatten die Briten zu dieser Zeit für die Verbreitung der Variante mit dem Ball, »Bandy« genannt, gesorgt. Aber die Kanadier setzten sich durch, ihre Regeln wurden 1911 durch die Internationale Föderation anerkannt. Lange zehrten die »Ahornblätter« von ihrem Vorsprung. Ab 1920 wurden sie viermal hintereinander Olympiasieger, bis die Briten 1936 diese Serie stoppten. Ihren Meister fanden sie in den Sowjets, die 1956 erstmals dabei waren und gewannen. Alter Glanz kehrte erst nach dem Zerfall der UdSSR zurück und nachdem die Teilnahme der Profis der nordamerikanischen Liga NHL möglich geworden war. In Nagano waren erstmals die Frauen in ihrer Begleitung.

46 Jahre nach dem fünften und letzten
)lympiasieg 1952 in Oslo wollten die
›Ahornblätter« wieder den Eishockey-
)lymp erstürmen. Doch daraus wurde
ıichts, denn im Penalty-Schießen des
Ialbfinales gegen Tschechien konnten
lie NHL-Stars nicht einen der fünf Ver-
uche erfolgreich abschließen. Ein ein-
ziger brachte den Puck im Käfig von
Patrick Roy unter: Robert Reichel,
ıngestellt bei den New York Islanders.

... FIND ICH GUT!

UDO KIESSLING

42 Jahre alt, 320 Länderspiele (Weltrekord), sechsmal Deutscher Meister, 13 A- und zwei B-Weltmeisterschaften, 1987 im WM-All-Star-Team, fünf Olympische Spiele 1976 bis 1992, 1976 Olympia-Dritter, 1020 Spiele in der höchsten deutschen Liga.

Wie eine Explosion von 0 auf 100

Fußball oder Eishockey – das war die Frage, als ich mich als Junge sportlich entscheiden mußte. Der Erfolg hat die Sache für mich geregelt, mir die Entscheidung abgenommen. Jugend-Nationalspieler zu sein, das schmeichelte meinem Ehrgeiz und auch meiner Eitelkeit ein bißchen mehr, als in irgendeiner Dorfmannschaft dem Lederball nachzujagen. Das daraus mal solch ein langer Weg mit Schläger und Puck werden würde, erstaunt freilich im Rückblick sogar mich selbst.

Gerade mal zweieinhalb Jahre war ich alt, als mir mein Vater Gerhard – erst DDR-, dann bundesdeutscher Auswahltrainer und langjähriger Bundesliga-Coach – ein Paar Schlittschuhe in Kanada besorgte, weil es die in meiner Größe in Deutschland nicht gab. Es wäre sicher vermessen, zu sagen, von da an sei mein sportliches Leben im Grunde entschieden gewesen. Aber Fakt ist, daß mich Eishockey seitdem nicht mehr losgelassen hat. Ein Sport, der irgendwie alles verkörpert – Gemeinschaftssinn und Kampf Mann gegen Mann, Schnelligkeit, Härte gegen sich selbst und andere, Durchsetzungsvermögen, Rasanz, Tempo, die Fähigkeit zum Mitdenken und Vorausahnen, Spaß, Herausforderung, Geber- und Nehmerqualitäten, aber auch Respekt und Fairneß. Offenbar hatte ich das Glück, von allem etwas zu haben, sonst hätte ich mich nicht so lange gegen meine jüngeren Verfolger behaupten können. Ich habe die persönliche Freude am Spiel nie verloren, habe es regelrecht Lieben gelernt – und bin danach süchtig geworden.

Eishockey ist wie eine Explosion von 0 auf 100, eine körperliche Initialzündung, bei der der Puls in einigen Sekunden von sechzig auf 180 hochjagt. Irgendwie ist in diesem Sport alles beengt – von der Kabine bis zum Spielfeld – und dennoch großartig. Man erlebt immens viel, erfährt, was richtige Freunde sind, kann sich austoben. Am Ende war meine Entscheidung pro Puck und kontra Lederball aus meiner Sicht auf jeden Fall richtig – Fußball bolzt schließlich fast jeder …

Willi Ph. Knecht

Was bleibt?

Zwischen Jammertal und lichten Höhen

何が残る

Der Hackl Schorsch, der in Nagano nach 1992 und 1994 als bisher einziger Rennrodler der Welt seinen dritten Olympiasieg feierte, seine Doppelsitzer-Kollegen Stefan Krauße/Jan Behrendt, die Viererbob-Besatzung um Christoph Langen und die nach 1992 und 1994 erneut siegreichen Biathlon-Staffelläufer müssen sich wohl wie letzte Bollwerke versiegender Manneskraft vorgekommen sein. Ihre vier Goldmedaillen, davon zwei erst am vorletzten Wettkampftag errungen, verhinderten eine kollektive Blamage der 83 männlichen Mitglieder der Mannschaft des Nationalen Olympischen Komitees für Deutschland. Doppelt so viele, nämlich die übrigen acht Olympiasiege 1998, verbuchten Athletinnen. Die 50 weiblichen Mannschaftsmitglieder kassierten, den dritten Platz im Eiskunst-Paarlauf entsprechend mitgerechnet, 21,5 der insgesamt 29 deutschen Medaillen – ein schon fast demütigender Absturz leistungssportlicher »Herrlichkeit«. Die Schieflage dieses Kräfteverhältnisses erinnert an das Ausmaß weiblicher Dominanz in früheren Erfolgsstatistiken besonders leistungsfähiger DDR-Sportverbände. Irgendwie, so dokumentieren jedenfalls die Ergebnislisten aus Nagano, haben die Frauenkader der olympischen Wintersportarten die seit der Vereinigung der beiden deutschen Sportorganisationen geltenden Gesetzmäßigkeiten besser genutzt als ihre männliche Konkurrenz. Nicht auszumalen, hätte in der deutschen Nagano-Bilanz die jetzt allerorts hochgelobte Frauen-Power die weit verbreitete Schlappheit des vermeintlich starken Geschlechts nicht wettgemacht.

So tragen denn knapp 75 Prozent aller deutschen Olympiamedaillen 1998 weibliche Namen. Eindrucksvoll untermalt wird dieser Triumph durch das Faktum, daß die Frauen-Medaillen in nur 26 Wettbewerben mit deutscher Beteiligung gewonnen wurden, was statistisch einem Erfolgsquotienten von 82,7 entspricht. Die Männer erreichten mit 7,5 Medaillen in den 30 von ihnen besetzten Wettbewerben lediglich den Quotienten 25.

Eid-Sprecher Kenji Ogiwara (Japan)

Slalom-König Hans-Petter Buraas (Norwegen)

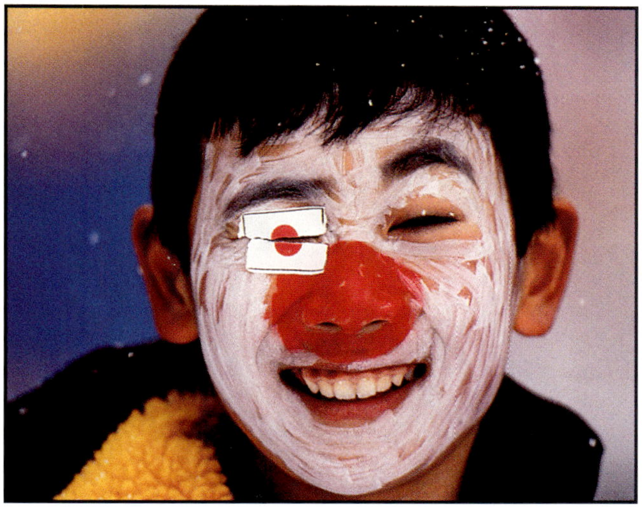

Dieser ungestüme Vorwärtsdrang bescherte schließlich die Rekordzahl von 29 Medaillen – die größte Ausbeute, die jemals von einer deutschen Mannschaft erzielt wurde und die nur knapp unter dem Höchstwert liegt, den unter völlig anderen Voraussetzungen 1988 in Addition die damals letztmalig separaten zwei deutschen Mannschaften (DDR 25, Bundesrepublik 8) markierten. Der wie 1992 in Albertville erste Rang der inoffiziellen Länderwertung untermauert zusätzlich die bei den Sportführungen, den zuständigen sportpolitischen Gremien und Institutionen sowie den mitprofitierenden Sponsoren herrschende Zufriedenheit und mindert, zumindest für eine Weile, spürbar die Bereitschaft zur nüchternen Interpretation von Siegen und Niederlagen.

So bleiben aus deutscher Sicht vor allem diejenigen Bilder im Gedächtnis, die in der Stunde des Geschehens Freudentaumel auslösten und zu historischen Begebnissen avancierten, weil sie schier Unfaßbares illustrieren. Dies gilt speziell für zwei Wettkämpfe, bei denen die deutschen Starterinnen die Medaillen gleich im Dreierpack abräumten: dem 3000-m-Lauf der Eisschnelläuferinnen und der alpinen Kombination. Gunda Niemann-Stirnemann (Erfurt), 1992 und 1994 mit je zweimal Gold und Silber und einmal Bronze bereits eine der fleißigsten Medaillensammlerinnen, postierte sich beim deutschen Dreikampf vor Claudia Pechstein (Berlin) und Anni Friesinger (Inzell). Für ein weiteres unvergessenes Datum sorgten die Eisschnelläuferinnen neun Tage später, als über 5000 m erstmals die spätere Zweitplazierte Gunda Niemann-Stirnemann und danach nochmals die Siegerin Claudia Pechstein Weltrekorde unterhalb der Sieben-Minuten-Grenze aufstellten. Mit ihrer weiteren Silbermedaille über 1 500 m erhöhte die Erfurterin ihr Medaillendepot auf nunmehr insgesamt dreimal Gold, viermal Silber und einmal Bronze und rückte damit in der ewigen Bestenliste der erfolgreichsten deutschen Teilnehmer/innen an Olympischen Winterspielen zu ihrer Dresdner Eisschnellauf-Kollegin Karin

Afrika-Winterpionier Philip Boit (Kenia)

Langlauf-Sensation Christian Hoffmann (Österreich)

Kania-Enke (1980 bis 1988) auf. Alles in allem errangen die deutschen Eisflitzerinnen in Nagano von 15 möglichen Medaillen sechs, davon zweimal Gold, und bestätigten damit ihren Ruf als die Keniaten des Eisovals.

»In Sachen Emanzipation sind wir die Musterschüler der Olympischen Bewegung. Hinsichtlich des Anteils an unseren Medaillenerfolgen haben wir in Nagano die vom Internationalen Olympischen Komitee für Führungspositionen geforderte Frauenquote übererfüllt.«

Walter Tröger, Präsident des Nationalen Olympischen Komitees für Deutschland

Den relativ besten Mannschaftsteil im nach der Erkrankung der Eiskunstläuferin Tanja Szewczenko und der Verletzung des Skiläufers Alois Vogel real 129köpfigen Wettkampfaufgebot stellten allerdings die Rennrodler/innen. Sie gewannen alle drei verfügbaren Goldmedaillen und insgesamt fünf der maximal neun Medaillen. Nunmehr Sieger bei drei aufeinander folgenden Olympischen Winterspielen und einmal Silbermedaillengewinner, geht Georg Hackl (Berchtesgaden) als bewundertes Unikat in die internationalen Rennrodel-Annalen ein.

In der öffentlichen Reflektion dank des Fernsehens noch eine Spur spektakulärer operierten die alpinen Skiläuferinnen mit dreimal Gold, einmal Silber und zweimal Bronze. Das Kombinationsergebnis mit der Reihenfolge Katja Seizinger (Halblech), Martina Ertl und Hilde Gerg (beide Lenggries) wurde vorher noch nie von Läuferinnen eines anderen Landes erreicht. Zudem war Katja Seizinger die erste Abfahrtsläuferin, die ihre olympische Krone (1994 Lillehammer) erfolgreich verteidigte. Mit sechs Medaillen in fünf Rennen

Pech-Vogel Harald Czudaj (Deutschland)

Einzel-Kämpfer Johann Mühlegg (Deutschland)

Gripppe-Ausfall Tanja Szewczenko (Deutschland)

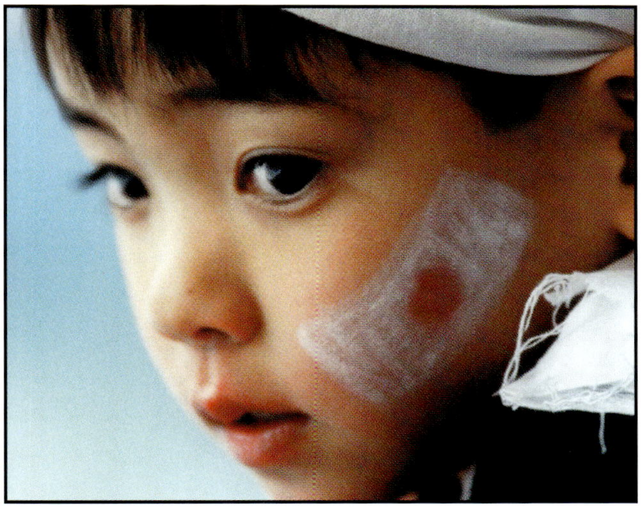

präsentierte Cheftrainer Wolfgang Maier eine Mannschaft, wie es sie bislang im deutschen alpinen Skisport noch nie gab.

Gerade am Beispiel des alpinen Skilaufs ist allerdings auch vorzuführen, daß die olympischen Wege der Deutschen in Nagano nicht nur über lichte Höhen führten, sondern oft genug ebenso durchs Jammertal. Bei den Männern hatte das Nationale Olympische Komitee in der Abfahrt, im Super-G und in der Kombination von vornherein auf Nominierungen verzichtet; im Riesenslalom und Slalom endete die deutsche Präsenz vorzeitig. Und auch bei den Frauen drohte anfangs Nervenflattern: Nachdem beim Super-G als dem ersten alpinen Wettbewerb die favorisierte Katja Seizinger nur den sechsten Platz und ihre Mannschaftskameradinnen die Ränge vier, sieben und zehn belegten und an den folgenden Tagen die Wetterkapriolen ein Programmchaos provozierten, schwor Cheftrainer Wolfgang Maier: »Nie wieder Japan!«

Im nachhinein nun sieht alles anders aus. Mutmaßungen zufolge steigert sich Katja Seizingers Werbewert nach Nagano auf vier bis zehn Millionen DM. Bescheidener geht's bei Wolfgang Maier zu: Der vom Bundesinnenministerium via Deutscher Skiverband finanzierte Cheftrainer wird wohl dank der Medaillengewinne seiner Frauencrew eine erfolgsbezogene Gehaltserhöhung von 700 bis 800 DM monatlich erhalten. Andere, die nicht aus dem Jammertal zu lichten Höhen aufsteigen konnten, müssen nach den neuerdings rigoros leistungsorientierten Richtlinien des zwischen Bundesinnenministerium und Sportführung vereinbarten »Förderkonzepts 2000« mit Einbußen rechnen. So gehören zu dem, was bleibt, auch finanzielle Sorgen, die sich nach enttäuschenden Nagano-Leistungen in den Lägern des alpinen Skisports Männer, Curling, Eishockey, Eisschnellauf Männer, Langlauf Männer und Frauen sowie Short Track breitmachen.

Olympische Teilnahme allein zahlt sich eben doch nicht aus. □

Kleiner-Großer Hiroyasu Shimizu (Japan)

STATISTIK

統計

»Mir scheint, Olympiafieber hat etwas mit der Malaria gemeinsam: nach einem heftigen Anfall verschwindet es, jedoch nur, um mich nach vier Jahren erneut zu befallen. So jedenfalls geht es mir bezüglich Nagano. Ich dachte, nach Lillehammer hätte ich für mein Leben genug Olympia gehabt, aber das Olympiafernweh hat mich doch im Griff.«

Adelheid Hasenknopf, Oslo, Norwegen

MEDAILLENSPIEGEL

	Nation	Gold	Silber	Bronze
1.	Deutschland	12	9	8
2.	Norwegen	10	10	5
3.	Rußland	9	6	3
4.	Kanada	6	5	4
5.	USA	6	3	4
6.	Niederlande	5	4	2
7.	Japan	5	1	4
8.	Österreich	3	5	9
9.	Südkorea	3	1	2
10.	Italien	2	6	2
11.	Finnland	2	4	6
12.	Schweiz	2	2	3
13.	Frankreich	2	1	5
14.	Tschechien	1	1	1
15.	Bulgarien	1	0	0
16.	China	0	6	2
17.	Schweden	0	2	1
18.	Dänemark	0	1	0
19.	Ukraine	0	1	0
20.	Kasachstan	0	0	2
21.	Belorußland	0	0	2
22.	Australien	0	0	1
23.	Belgien	0	0	1
24.	Großbritannien	0	0	1

TOP TEN (INTERNATIONAL)

1. Björn Dählie (NOR)	1992–1998	Langlauf	8	4	–
2. Ljubow Jegorowa (EUN/RUS)	1992/1994	Langlauf	6	3	–
3. Lidija Skoblikowa (URS)	1960/1964	Eisschnellauf	6	–	–
4. Clas Thunberg (FIN)	1924/1928	Eisschnellauf	5	1	1
Larissa Lasutina (EUN/RUS)	1992–1998	Langlauf	5	1	1
6. Bonnie Blair (USA)	1988–1994	Eisschnellauf	5	–	1
7. Eric Heiden (USA)	1980	Eisschnellauf	5	–	–
8. Raissa Smetanina (URS/EUN)	1976–1992	Langlauf	4	5	1
9. Sixten Jernberg (SWE)	1956–1964	Langlauf	4	3	2
10. Galina Kulakowa (URS)	1968–1980	Langlauf	4	2	2

(URS=UdSSR, EUN=Vereinigte Mannschaft)

TOP TEN (NATIONAL)

1. Karin Kania-Enke	1980–1988	Eisschnellauf	3	4	1
Gunda Niemann-Stirnemann	1992–1998	Eisschnellauf	3	4	1
3. Ricco Groß	1992–1998	Biathlon	3	2	–
4. Jens Weißflog	1984–1994	Skispringen	3	1	–
Bernhard Germeshausen	1976/1980	Bob	3	1	–
Georg Hackl	1988–1998	Rennrodeln	3	1	–
Mark Kirchner	1992/1994	Biathlon	3	1	–
8. Katja Seizinger	1992–1998	Ski alpin	3	–	2
9. Meinhard Nehmer	1976/1980	Bob	3	–	1
10. Ulrich Wehling	1972–1980	Nord. Komb.	3	–	–

SKISPORT

LANGLAUF

Hakuba, Snow Harp

HERREN

10 km, Klassisch

Donnerstag, 12. Februar

G **Björn Dählie** (NOR) 27:24,5 min
S **Markus Gandler** (AUT) 27:32,5 min
B **Mika Myllylä** (FIN) 27:40,1 min

4. Wladimir Smirnow (KAZ) 27 : 45,1; 5. Thomas Alsgaard (NOR) 27 : 48,1; 6. Jaak Mae (EST) 27:56,0; 7. Erling Jevne (NOR) 27:58,7; 8. Andrus Veerpalu (EST) 28:00,7 ... 16. **Andreas Schlütter** 28 : 48,0; 27. **Johann Mühlegg** 29:12,3; 38. **René Sommerfeldt** 29:52,5; 40. **Jochen Behle** (alle GER) 29:55,9.

15 km Jagdrennen, Freistil

Sonnabend, 14. Februar

G **Thomas Alsgaard** (NOR) 1:07:01,7 h
S **Björn Dählie** (NOR) 1:07:02,8 h
B **Wladimir Smirnow** (KAZ) 1:07:31,5 h

4. Silvio Fauner (ITA) 1:07:48,9; 5. Fulvio Valbusa (ITA) 1:07:49,1; 6. Mika Myllylä (FIN) 1:07:50,6; 7. Markus Gandler (AUT) 1:08:14,2; 8. Jari Isometsä (FIN) 1:08:19,4 ... 12. **Andreas Schlütter** 1:08:32,3; 17. **Johann Mühlegg** 1:09:12,3; 29. **René Sommerfeldt** 1:11:13,5; nicht gestartet: **Jochen Behle** (alle GER).

30 km, Klassisch

Montag, 9. Februar

G **Mika Myllylä** (FIN) 1:33:55,8 h
S **Erling Jevne** (NOR) 1:35:27,1 h
B **Silvio Fauner** (ITA) 1:36:08,5 h

4. Jari Isometsä (FIN) 1:36:51,4; 5. Fulvio Valbusa (ITA) 1:37:31,1; 6. Harri Kirvesniemi (FIN) 1:37:45,9; 7. Marco Albarello (ITA) 1:38:07,1; 8. Giorgio di Centa (ITA) 1:38:14,9 ... 21. **Andreas Schlütter** 1:40:27,1; 57; **Torald Rein** 1:49:06,7; aufgegeben: **Jochen Behle**; nicht gestartet: **René Sommerfeldt** (alle GER).

50 km, Freistil

Sonntag, 22. Februar

G **Björn Dählie** (NOR) 2:05:08,2 h
S **Niklas Jonsson** (SWE) 2:05:16,3 h
B **Christian Hoffmann** (AUT) 2:06:01,8 h

4. Alexej Prokurorow (RUS) 2:06:41,4; 5. Fulvio Valbusa (ITA) 2:06:44,3; 6. Thomas Alsgaard (NOR) 2:07:21,5; 7. **Johann Mühlegg** (GER) 2:07:25,3; 8. Wladimir Smirnow (KAZ) 2:07:26,4; ... 26. **René Sommerfeldt** 2:16:19,9; 36. **Andreas Schlütter** (beide GER) 2:17:52,1.

4 x 10 km-Staffel

Mittwoch, 18. Februar

G **NOR** 1:40:55,7 h
(Sture Sivertsen, Erling Jevne, Björn Dählie, Thomas Alsgaard)

S **ITA** 1:40:55,9 h
(Marco Albarello, Fulvio Valbusa, Fabio Maj, Silvio Fauner)

B **FIN** 1:42:15,5 h
(Harri Kirvesniemi, Mika Myllylä, Sami Repo, Jari Isometsä)

4. SWE 1:42:25,2; 5. RUS 1:42:39,5; 6. SUI 1:42:49,2; 7. JPN 1:43:06,7; 8. **GER** (Andreas Schlütter, Jochen Behle, René Sommerfeldt, Johann Mühlegg) 1:43:16,1.

DAMEN

5 km, Klassisch

Dienstag, 10. Februar

G **Larissa Lasutina** (RUS) 17:37,9 min
S **Katerina Neumannova** (CZE) 17:42,7 min
B **Bente Martinsen** (NOR) 17:49,4 min

4. Nina Gawriljuk (RUS) 17 : 50,3; 5. Olga Danilowa (RUS) 17:51,3; 6. Marit Mikkelsplass (NOR) 17:53,5; 7. Anita Moen-Guidon (NOR) 18:04,4; 8. Trude Dybendahl Hartz (NOR) 18:08,0 ... 26. **Kati Wilhelm** 18:56,9; 30. **Constanze Blum** 19:02,4; 37. **Anke Schulze** 19:14,7; 38. **Sigrid Wille** (alle GER) 19:15,6.

10 km Jagdrennen, Freistil

Donnerstag, 12. Februar

G **Larissa Lasutina** (RUS) 46:06,9 min
S **Olga Danilowa** (RUS) 46:13,4 min
B **Katerina Neumannova** (CZE) 46:14,2 min

4. Irina Taranenko (UKR) 46:17,1; 5. Stefania Belmondo (ITA) 46:19,6; 6. Julia Tschepalowa (RUS) 46:28,4; 7. Nina Gawriljuk (RUS) 46: 49,3; 8. Anita Moen-Guidon (NOR) 47 : 04,6 ... 26. **Constanze Blum** 49:05,5; 31. **Anke Schulz** 49 : 30,4; 32. **Kati Wilhelm** 49:31,0; 54. **Sigrid Wille** (alle GER) 51:52,2.

15 km, Klassisch

Sonntag, 8. Februar

G **Olga Danilowa** (RUS) 46:55,4 min
S **Larissa Lasutina** (RUS) 47:01,0 min
B **Anita Moen-Guidon** (NOR) 47:52,6 min

4. Irina Taranenko (UKR) 48:10,2; 5. Marit Mikkelsplass (NOR) 48:12,5; 6. Trude Dybendahl Hartz (NOR) und Bente Martinsen (NOR) 48:19,0; 8. Stefania Belmondo (ITA) 48:57,7 ... 21. **Constanze Blum** 50:30,3; 28. **Sigrid Wille** 51:19,3; 36. **Manuela Henkel** 51:53,4; 38. **Anke Schulz** (alle GER) 51:54,0.

30 km, Freistil

Freitag, 20. Februar

G **Julia Tschepalowa** (RUS) 1:22:01,5 h
S **Stefania Belmondo** (ITA) 1:22:11,7 h
B **Larissa Lasutina** (RUS) 1:23:15,7 h

4. Elin Nilsen (NOR) 1:24:24,5; 5. Jelena Välbe (RUS) 1:24:52,8; 6. Maria Theurl (AUT) 1:24:54,3; 7. Brigitte Albrecht (SUI) 1:25:15,5; 8. Irina Taranenko (UKR) 1:25:22,3 ... 16. **Kati Wilhelm** 1:28:27,7; 26. **Anke Schulze** 1:30:54,6; 31. **Constanze Blum** 1:31:52,9; nach Sturzverletzung aufgegeben: **Manuela Henkel** (alle GER).

4 x 5 km-Staffel

Montag, 16. Februar

G **RUS** 55:13,5 min
(Nina Gawriljuk, Olga Danilowa, Jelena Välbe, Larissa Lasutina)

S **NOR** 55:38,0 min
(Bente Martinsen, Marit Mikkelsplass, Elin Nilsen, Anita Moen-Guidon)

B **ITA** 56:53,3 min
(Karin Moroder, Gabriella Paruzzi, Manuela di Centa, Stefania Belmondo)

4. SUI 56:55,2; 5. **GER** (Kati Wilhelm, Manuela Henkel, Constanze Blum, Anke Schulze) 56:55,4; 6. CZE 56:58,7; 7. FIN 57:34,3; 8. SWE 57:53,7.

XVIII. Olympische Winterspiele Nagano 1998 (7. bis 22. Februar)

Teilnehmende Sportler und Sportlerinnen: 2339
Teilnehmende Mannschaften: 72

AND - Andorra, **ARG** - Argentinien, **ARM** - Armenien, **AUS** - Australien, **AUT** - Österreich, **AZE** - Aserbaidschan, **BLR** - Belorußland (Weißrußland), **BEL** - Belgien, **BER** - Bermudas, **BIH** - Bosnien-Herzegowina, **BRA** - Brasilien, **BUL** - Bulgarien, **CAN** - Kanada, **CHI** - Chile, **CHN** - China, **CRO** - Kroatien, **CYP** - Zypern, **CZE** - Tschechien, **DEN** - Dänemark, **ESP** - Spanien, **EST** - Estland, **FIN** - Finnland, **FRA** - Frankreich, **GBR** - Großbritannien, **GEO** - Georgien, **GER** - Deutschland, **GRE** - Griechenland, **HUN** - Ungarn, **IND** - Indien, **IRI** - Iran, **IRL** - Irland, **ISL** - Island, **ISR** - Israel, **ISV** - Jungferninseln, **ITA** - Italien, **JAM** - Jamaika, **JPN** - Japan, **KAZ** - Kasachstan, **KEN** - Kenia, **KGZ** - Kirgistan, **KOR** - Südkorea, **LAT** - Lettland, **LIE** - Lichtenstein, **LTU** - Litauen, **LUX** - Luxemburg, **MDA** - Moldava, **MGL** - Mongolei, **MKD** - frühere Jugoslawische Republik Mazedonien, **MON** - Monaco, **NED** - Niederlande, **NOR** - Norwegen, **NZL** - Neuseeland, **POL** - Polen, **POR** - Portugal, **PRK** - Nordkorea, **PUR** - Puerto Rico, **ROM** - Rumänien, **RUS** - Rußland, **SLO** - Slowenien, **SVK** - Slowakei, **RSA** - Südafrika, **SUI** - Schweiz, **SWE** - Schweden, **TPE** - Chinesisches Taipeh, **TRI** - Trinidad, **TUR** - Türkei, **UKR** - Ukraine, **URU** - Uruguay, **USA** - Vereinigte Staaten von Amerika, **UZB** - Usbekistan, **VEN** - Venezuela, **YUG** - Jugoslawien.

Zeichenerklärung: **WR** = Weltrekord • **OR** = Olympischer Rekord • **DR** = Deutscher Rekord

SPEZIALSPRINGEN

Hakuba, Happo

90-m-Schanze

Mittwoch, 11. Februar

G **Jani Soininen** (FIN) 234,5 Pkt (90 m/89 m)

S **Kazuyoshi Funaki** (JPN) 233,5 Pkt. (87,5/90,5)

B **Andreas Widhölzl** (AUT) 232,5 Pkt. (88/90,5)

4. Janne Ahonen (FIN) 231,5 (86,5/91,5); 5. Masahiko Harada (JPN) 228,5 (91,5/84,5); 6. Primoz Peterka (SLO) 223,0 (87/89); 7. Noriaki Kasai (JPN) 221,5 (87,5/84,5); 8. Kristian Brenden (NOR) 215,5 (87,5/84) ... 13. **Dieter Thoma** 208,5 (84,5/83); 14. **Sven Hannawald** 207,5 (83,5/84); 17. **Hansjörg Jäkle** 200,5 (82/82,5); 19. **Martin Schmitt** (alle GER) 199,5 (82/82).

120-m-Schanze

Sonnabend, 15. Februar

G **Kazuyoshi Funaki** (JPN) 272,3 Pkt. (126 m/132,5 m)

S **Jani Soininen** (FIN) 260,8 Pkt. (129,5/126,5)

B **Masahiko Harada** (JPN) 258,3 Pkt. (120/136 – Schanzenrekord)

4. Andreas Widhölzl (AUT) 258,2 (131/120,5); 5. Primoz Peterka (SLO) 251,1 (119/130,5); 6. Takanobu Okabe (JPN) 250,1 (130/119,5); 7. Reinhard Schwarzenberger (AUT) 244,2 (115,5/131); 8. Michal Dolezal (CZE) 243,2 (116/130,5) ... 12. **Dieter Thoma** (114/128); 14. **Martin Schmitt** 233,7 (118,5/123); 48. **Sven Hannawald** 78,0 (100); 57. **Hansjörg Jäkle** 61,1 (92).

Mannschaft, 120-m-Schanze

Dienstag, 17. Februar

G **JPN** 933,0 Punkte
Takanobu Okabe (121,5m/137 m – Schanzenrekord), Hiroya Saito (130/124), Masahiko Harada (79,5/137 – Schanzenrekord eg.), Kazuyoshi Funaki (118,5/125)

S **GER** 897,4 Punkte
Sven Hannawald (125,5/128), Martin Schmitt (98/126,5), Hansjörg Jäkle (96/123,5), Dieter Thoma (130/120,5)

B **AUT** 881,5 Punkte
Reinhard Schwarzenberger (101,5/ 118,5), Martin Höllwarth (122,5/123), Stefan Horngacher (104,5/108,5), Andreas Widhölzl (123/136,5)

4. NOR 870,6; 5. FIN 833,9; 6. SUI 735,0; 7. CZE 710,3; 8. POL 684,2.

NORDISCHE KOMBINATION

Hakuba, Happo/Snow Harp

EINZEL

Springen, 90-m-Schanze

Freitag, 13. Februar

1. **Bjarte Engen Vik (NOR)** 241,0 Pkt. (89,5 m/94,5 m)
2. **Waleri Stoljarow (RUS)** 235,0 Pkt. (92,5/89,5–36 s zur.)
3. **Tsugiharu Ogiwara** (JPN) 232,5 Pkt. (87,5/91,5–51 s zur.)

4. Junichi Kogawa (JPN) 232,0 (87/91–54); 5. Christoph Bieler (AUT) 231,0 (88,5/93–1:00); 6. Samppa Lajunen (FIN) 230,5 (87/92,5–1:03); 7. Mario Stecher (AUT) 228,5 (85/92–1:15); 8. Milan Kucera (CZE) 228,0 (87/89,5–1:18) ... 10. **Jens Deimel** 221,0 (88,5/87–2:00); 18. **Ronny Ackermann** 209,5 (84/85,5–3:09); 26. **Josef Buchner** 203,0 (83/84–3:48); 41. **Matthias Looß** (alle GER) 187,0 (75,5/85–5:24).

Langlauf, 10 km/Endstand

Sonnabend, 14. Februar

G **Bjarte Engen Vik** (NOR) 41:21,1 min

S **Samppa Lajunen** (FIN) 41:48,6 min

B **Waleri Stoljarow** (RUS) 41:49,3 min

4. Kenji Ogiwara (JPN) 42 : 42,2; 5. Milan Kucera (CZE) 42 : 45,8; 6. Tsugiharu Ogiwara (JPN) 42 : 46,4; 7. Nicolas Bal (FRA) 42 : 46,8; 8. Mario Stecher (AUT) 43 : 09,9 ... 12. **Ronny Ackermann** 43 : 52,9; 13. **Jens Deimel** 43 : 56,3; 32. **Matthias Looß** (alle GER) 46 : 54,2.

MANNSCHAFT

Springen

Donnerstag, 19. Februar

1. **FIN** 226,5 Pkt.
(Jari Mantila 88 m/91 m; Hannu Manninen 88,5/90; Tapio Nurmela 84,5/86; Samppa Lajunen 86,5/94,5)
2. **AUT** 225,9 Pkt. (4 s zur.)
(Mario Stecher 90,5/96,5 – Schanzenrekord; Christoph Bieler 93/85,5; Felix Gottwald 84,5/90; Christoph Eugen 83/90)
3. **NOR** 225,3 Pkt. (8)
(Fred Börre Lundberg 87/87; Kenneth Braaten 90/77,5; Halldor Skard 87,5/89; Bjarte Engen Vik 94,5/95,5)

4. CZE 225,1 (9); 5. JPN 223,3 (21); 6. FRA 215,8 (1 : 11); 7. **GER** 215,5 (Jens Deimel 91/91,5; Matthias Looß 86,5/83; Thorsten Schmitt 84,5/87,5; Ronny Ackermann 85/85 (1:15); 8. RUS 206,5 (2:13).

4 x 5 km-Staffel/Endstand

Freitag, 20. Februar

G **NOR** 54:11,5 min
(Halldor Skard, Kenneth Braaten, Bjarte Engen Vik, Fred Börre Lundberg)

S **FIN** 55:30,4 min
(Samppa Lajunen, Jari Mantila, Tapio Nurmela, Hannu Manninen)

B **FRA** 55:53,4 min
(Sylvain Guillaume, Nicolas Bal, Ludovic Roux, Fabrice Guy)

4. AUT 56 : 04,6; 5. JPN 56 : 18,8; 6. **GER** (Matthias Looß, Ronny Ackermann, Thorsten Schmitt, Jens Deimel) 56 : 22,0; 7. SUI 56 : 41,6; 8. CZE 57 : 04,7.

SKI ALPIN

HERREN

Abfahrtslauf

Hakuba, Mt. Happo'one
Freitag, 13. Februar

G **Jean-Luc Cretier** (FRA) 1:50,11 min

S **Lasse Kjus** (NOR) 1:50,51 min

B **Hannes Trinkl** (AUT) 1:50,63 min

4. Jürg Grünenfelder (SUI) 1:50,64; 5. Ed Podivinsky (CAN) 1:50,71; 6. Kristian Ghedina (ITA) 1:50,76; 7. Andreas Schifferer (AUT) 1:50,77; 8. Didier Cuche (SUI) 1:50,91. (GER nicht am Start)

Super-G

Hakuba, Mt. Happo'one
Montag, 16. Februar

G **Hermann Maier** (AUT) 1:34,82 min

S **Didier Cuche** (SUI)
Hans Knauss (AUT) 1:35,43 min

4. Alessandro Fattori (ITA) 1:35,61; 5. Kjetil Andre Aamodt (NOR) 1:35,67; 6. Patrik Jaerbin (SWE) und Stefan Eberharter (AUT) 1:35,72; 8. Daron Rahlves (USA) 1:35,96. (GER nicht am Start)

Riesenslalom

Yamanouchi, Mt. Higashidate
Donnerstag, 19. Februar

G **Hermann Maier** (AUT) 2:38,51 min (1:20,36/1:18,15)

S **Stefan Eberharter** (AUT) 2:39,36 min (1:20,94/1:18,42)

B **Michael von Grünigen** (SUI) 2:39,69 min (1:20,98/1:18,71)

4. Hans Knauss (AUT) 2 : 39,71; 5. Jure Kosir (SLO) 2 : 39,98; 6. Steve Locher (SUI) 2 : 40,30; 7. Paul Accola (SUI) 2 : 40,57; 8. Lasse Kjus (NOR) 2 : 40,65; im 2. Durchgang ausgeschieden: **Markus Eberle** (GER).

Slalom

Yamanouchi, Mt. Yakabitai
Sonnabend, 21. Februar

G **Hans-Petter Buraas** (NOR) 1:49,31 min (55,28/54,03)

S **Ole Christian Furuseth** (NOR) 1:50,64 min (55,53/55,11)

B **Thomas Sykora** (AUT) 1:50,68 min (55,06/55,62)

4. Tom Stiansen (NOR) 1:50,90; 5. Christian Mayer (AUT) 1:51,09; 6. Thomas Stangassinger (AUT) 1:51,25; 7. Finn Christian Jagge (NOR) 1:51,39; 8. Joel Chenal (FRA) 1:51,51; im 1. Durchgang ausgeschieden: **Markus Eberle** (GER).

KOMBINATION

Hakuba, Mt. Happo'one

Slalom

Dienstag, 10. Februar

1. **Mario Reiter** (AUT) 1:31,85 min (47,37 s/44,48 s)
2. **Lasse Kjus** (NOR) 1:33,66 min (48,09/45,57)
3. **Andrzej Bachleda** (POL) 1:34,49 min (49,02/45,47)

4. Christian Mayer (AUT) 1:35,05; 5. Kjetil Andre Aamodt (NOR) 1:35,26; 6. Günther Mader (AUT) 1:35,36; 7. Finn Christian Jagge (NOR) 1:35,38; 8. Hermann Maier (AUT) 1:35,90.

Abfahrtslauf/Endstand

Freitag, 13. Februar

G **Mario Reiter** (AUT) 1:36,21 min/3:08,06 min

S **Lasse Kjus** (NOR) 1:34,99 min/3:08,65 min

B **Christian Mayer** (AUT) 1:35,06 min/3:10,11 min

4. Günther Mader (AUT) 3:10,19; 5. Andrzej Bachleda (POL) 3:11,53; 6. Alessandro Fattori (ITA) 3:17,00; 7. Ales Brezavsek (SLO) 3:20,09; 8. Peter Pen (SLO) 3:20,81. (GER nicht am Start)

DAMEN

Abfahrtslauf

Hakuba, Mt. Happo'one
Montag, 16. Februar

G **Katja Seizinger** (GER) 1:28,89 min

S **Pernilla Wiberg** (SWE) 1:29,18 min

B **Florence Masnada** (FRA) 1:29,37 min

4. Melanie Suchet (FRA) 1:29,48; 5. Swetlana Gladischewa (RUS) 1:29,50; 6. Picabo Street (USA) 1:29,54; 7. Regine Cavagnoud (FRA) 1:29,72; 8. Alexandra Meißnitzer (AUT) 1:29,84; 9. **Katharina Gutensohn** und **Hilde Gerg** 1:29,96; ausgeschieden: **Regina Häusl** (alle GER).

Super-G

Hakuba, Mt. Happo'one
Mittwoch, 11. Februar

G **Picabo Street** (USA) 1:18,02 min

S **Michaela Dorfmeister** (AUT) 1:18,03 min

B **Alexandra Meißnitzer** (AUT) 1:18,09 min

4. **Regina Häusl** (GER) 1:18,27; 5. Renate Götschl (AUT) 1:18,32; 6. **Katja Seizinger** 1:18,44; 7. **Martina Ertl** (beide GER) 1:18,46; 8. Melanie Suchet (FRA) 1:18,51 ... 10. **Hilde Gerg** (GER) 1:18,50.

Riesenslalom

Yamanouchi, Mt. Higashidate
Freitag, 20. Februar

G **Deborah Compagnoni** (ITA) 2:50,59 min (1:18,94/1:31,65)

S **Alexandra Meißnitzer** (AUT) 2:52,39 min (1:20,13/1:32,26)

B **Katja Seizinger** (GER) 2:52,61 min (1:20,19/1:32,42)

4. **Martina Ertl** (GER) 2:52,72 (1:20,38/ 1:32,34); 5. Sophie Lefranc (FRA) 2:53,27; 6. Heidi Zurbriggen (SUI) 2:53,61; 7. Anna Ottosson (SWE) 2:53,81; 8. Sabine Panzanini (ITA) 2:54,09 ... 13. **Hilde Gerg** 2:55,89; 30. **Regina Häusl** (beide GER) 3:04,57.

Slalom

Yamanouchi, Mt. Yakebitai
Donnerstag, 19. Februar

G **Hilde Gerg** (GER) 1:32,40 min (45,89/46,51)

S **Deborah Compagnoni** (ITA) 1:32,46 min (45,29/47,17)

B **Zali Steggall** (AUS) 1:32,67 min (45,96/46,71)

4. **Martina Ertl** (GER) 1:32,91 (46,22/46,69); 5. Sabine Egger (AUT) 1:33,22; 6. Ingrid Salvenmoser (AUT) 1:33,39; 7. Martina Accola (SUI) 1:34,12; 8. Morena Gallizio (ITA) 1 : 34,87; 9. **Monika Bergmann** (GER) 1 : 34,99 (47,78/47,21).

KOMBINATION

Hakuba, Mt. Happo'one

Abfahrtslauf

Montag, 16. Februar

1. Katja Seizinger (GER) 1:28,52 min

2. Pernilla Wiberg (FRA) 1:28,86 min

3. Renate Götschl (AUT) 1:29,34 min

4. **Martina Ertl** (GER) 1 : 29,76; 5. Brigitte Obermoser (AUT) 1 : 29,82; 6. Florence Masnada (FRA) 1 : 29,87; 7. **Hilde Gerg** (GER) 1 : 29,92; 8. Michaela Dorfmeister (AUT) und Stefanie Schuster (AUT) 1 : 30,10 ... 21. **Monika Bergmann** (GER) 1 : 33,35.

Slalom/Endstand

Dienstag, 17. Februar

G **Katja Seizinger** (GER) 1:12,22/2:40,74 min

S **Martina Ertl** (GER) 1:11,16/2:40,92 min

B **Hilde Geg** (GER) 1:11,58/2:41,50 min

4. Stefanie Schuster (AUT) 1:12,15/2:42,25; 5. Morena Gallizio (ITA) 1:11,92/2:42,52; 6. Florence Masnada (FRA) 1:12,97/ 2:42,84; 7. Caroline Lalive (USA) 1:13,71/ 2:44,76; 8. Janica Kostelic (CRO) 1:13,52/ 2:45,23 ... 12. **Monika Bergmann** (GER) 1:12,49/ 2:45,84.

FREESTYLE

Iizuna Kogen

HERREN

Buckelpiste

Mittwoch, 11. Februar

G **Jonny Moseley** (USA) 26,93 Pkt.

S **Janne Lahtela** (FIN) 26,00 Pkt.

B **Sami Mustonen** (FIN) 25,76 Pkt.

4. Jean-Luc Brassard (CAN) 25,52; 5. Lauri Lassila (FIN) 25,43; 6. Jesper Ronnback (SWE) 25,32; 7. Ryan Johnson (CAN) 25,25; 8. Stephane Rochon (CAN) 25,01. (GER nicht am Start)

Springen

Mittwoch, 18. Februar

G **Eric Bergoust** (USA) 255,64 Pkt.

S **Sebastien Foucras** (FRA) 248,79 Pkt.

B **Dmitri Daschinski** (BLR) 240,79 Pkt.

4. Ales Valenta (CZE) 232,25; 5. Britt Swartley (USA) 231,61; 6. Alexander Michailow (RUS) 229,98; 7. Christian Rijavec (AUT) 227,60; 8. Alexej Grischin (BLR) 220,99. (GER nicht am Start)

DAMEN

Buckelpiste

Mittwoch, 11. Februar

G **Tae Satoya** (JPN) 25,06 Pkt.

S **Tatjana Mittermayer** (GER) 24,62 Pkt.

B **Kari Traa** (NOR) 24,09 Pkt.

4. Donna Weinbrecht (USA) 24,02; 5. Anne-Marie Pelchat (CAN) 23,95; 6. Minna Karhu (FIN) 23,83; 7. Aiko Uemura (JPN) 23,79; 8. Liz McIntyre (USA) 23,72; 9. **Sandra Schmitt** 23,67 ... 11. **Gabriele Rauscher** (beide GER) 23,59.

Springen

Mittwoch, 18. Februar

G **Nikki Stone** (USA) 193,00 Pkt.

S **Nannan Xu** (CHN) 186,97 Pkt.

B **Colette Brand** (SUI) 171,83 Pkt.

4. Tatjana Kosatschenko (UKR) 167,32; 5. Alla Tsuper (UKR) 166,12; 6. Hilde Synnoeve Lid (NOR) 160,18; 7. Dandan Guo (CHN) 159,74; 8. Julia Kljukowa (UKR). (GER nicht am Start)

SNOWBOARD

Yamanouchi, Mt. Yakebitai/Kanbayashi Snowboard Park

HERREN

Riesenslalom

Sonntag, 8. Februar

G **Ross Rebagliati** (CAN) 2:03,96 min (59,87 s/1:04,09)

S **Thomas Prugger** (ITA) 2:03,98 min (59,38 s/1:04,60)

B **Ueli Kestenholz** (SUI) 2:04,08 min (1:00,20/1:03,88)

4. Dieter Krassnig (AUT) 2:04,33 (1:00,11/ 1:04,22); 5. Matthieu Bozzetto (FRA) 2:04,57 (59,83/1:04,74); 6. Chris Klug (USA) 2:05,25 (59,38/1:05,87); 7. Martin Freinademetz (AUT) 2:05,34 (59,58/ 1:05,76); 8. Maxene Idesheim (FRA) 2:05,52 (1:00,76/1:04,77) ... 14. **Dieter Moherndl** 2:10,03 (1:03,03/ 1:07,00); im 2. Lauf ausgeschieden: **Bernd Kroschewski** (beide GER).

Halfpipe

Donnerstag, 12. Februar

G **Gian Simmen** (SUI) 85,2 Pkt.

S **Daniel Franck** (NOR) 82,4 Pkt.

B **Ross Powers** (USA) 82,1 Pkt.

4. Fabian Rohrer (SUI) 78,7; 5. Guillaume Chastagnol (FRA) 78,3; 6. Jacob Soderqvist/ SWE) 77,8; 7. Sebastian Kuhlberg (FIN) 76,6; Michael Michalchuck (CAN) 76,0 ... 17. **Xaver Hoffmann** (GER) 38,2.

DAMEN

Riesenslalom

Dienstag, 10. Februar

G **Karine Ruby** (FRA) 2:17,34 min (1:09,33/1:08,01)

S **Heidi Renoth** (GER) 2:19,17 min (1:11,92/1:07,25)

B **Brigitte Koeck** (AUT) 2:19,42 min (1:13,01/1:06,41)

4. Lidia Trettel (ITA) 2:19,71 (1.11,68/ 1:08,03); 5. Ursula Fingerlos (AUT) 2:20,36

(1:12,37/1:07,99); 6. Marion Posch (ITA) 2:21,34 (1:13,32/1:08,02); 7. Dagmar Mair unter der Eggen (ITA) 2:22,42 (1:13,35/ 1:09,07); 8. Isabell Zedlacher (AUT) 2:22,92 (1:11,89/1:11,03); 9. **Sandra Farmand** 2:23,10 (1:14,39/1:08,71); im 1. Lauf ausgeschieden: **Burgl Heckmaier** (beide GER).

Halfpipe

Donnerstag, 12. Februar

G **Nicola Thost** (GER) 74,6 Pkt.
S **Stine Brun Kjeldaas** (NOR) 74,2 Pkt.
B **Shannon Dunn** (USA) 72,8 Pkt.

4. Cara-Beth Burnside (USA) 72,6; 5. Maelle Ricker (CAN) 71,1; 6. Minna Hesso (FIN) 70,8; 7. Jenny Jonsson (SWE) 65,9; 8. Jennie Waara (SWE) 62,7 … 15. **Sabine Wehr-Hasler** 30,5; nach 1. Qualifikationsdurchgang aufgegeben: **Sandra Farmand** (beide GER).

BIATHLON

Nozawa Onsen, Toyosato

HERREN

10 km

Mittwoch, 18. Februar

G **Ole Einar Björndalen** (NOR) 27:16,2 min
S **Frode Andresen** (NOR) 28:17,8 min
B **Ville Raikkonen** (FIN) 28:21,7 min

4. Wiktor Majgurow (RUS) 28:36,0; 5. Jekabs Nakums (LAT) 28:36,9; 6. Olegs Maluhins (LAT) 28:37,4; 7. **Frank Luck** (GER) 28:40,3; 8. Halvard Hanevold (NOR) 28:40,8 … 17. **Ricco Groß** 29:13,9; 29. **Sven Fischer** 29:47,1; 34. **Carsten Heymann** (alle GER) 30:09,6.

20 km

Mittwoch, 11. Februar

G **Halvard Hanevold** (NOR) 56:16,4 min (1 Strafminute)
S **Pier Alberto Carrara** (ITA) 56:21,9 min (0)
B **Alexej Aidarow** (BLR) 56:46,5 min (1)

4. Ivan Masarik (CZE) 57:30,7 (1); 5. Ilmars Bricis (LAT) 58:15,1 (3); 6. **Ricco Groß** (GER) 58:15,4 (1); 7. Ole Einar Björndalen (NOR) 58:16,8 (4); 8. **Peter Sendel** (GER) 58:30,3 (1) … 16. **Sven Fischer** 59:26,1 (3); 32. **Jan Wüstenfeld** (beide GER) 1:01:07,9 (4).

4 x 7,5 km-Staffel

Sonnabend, 21. Februar

G **GER** 1:21:36,1 h
(Ricco Groß, Peter Sendel, Sven Fischer, Frank Luck)
S **NOR** 1:21:56,3 h
(Egil Gjelland, Halvard Hanevold, Dag Björndalen, Ole Einar Björndalen)
B **RUS** 1:22:19,9 h
(Pawel Muslimow, Wladimir Dratschew, Sergej Tarassow, Wiktor Majgurow)

4. BLR 1:23:14,0; 5. POL 1:24:09,8; 6. LAT 1:24:24,4; 7. FRA 1:24:53,0; 8. FIN 1:25:53,0.

DAMEN

7,5 km

Sonntag, 15. Februar

G **Galina Kuklewa** (RUS) 23:08,0 min
S **Uschi Disl** (GER) 23:08,7 min
B **Katrin Apel** (GER) 23:32,4 min

4. Sona Mihokova (SVK) 23:42,3; 5. Shumei Yu (CHN) 23:44,0; 6. Anna Stera (POL) 23:53,1; 7. Martina Schwarzbacherova (SVK) 23:54,8; 8. Mari Lampinen (FIN) 23:55,2 … 16. **Petra Behle** 24:09,9; 30. **Martina Zellner** (beide GER) 25:09,8.

15 km

Montag, 9. Februar

G **Jekaterina Dafovska** (BUL) 54:52,0 min (1 Strafminute)
S **Jelena Petrowa** (UKR) 55:09,8 min (1)
B **Uschi Disl** (GER) 55:17,9 min (1)

4. Pavlina Filipova (BUL) 55:18,1 (1); 5. Andreja Grasic (SLO) 56:01,0 (4); 6. Ryoko Takahashi (JPN) 56:17,4 (3); 7. Albina Achatowa (RUS) 56:21,7 (1); 8. Annette Sikveland (NOR) 56:38,7 (3) … 10. **Martina Zellner** 56:46,3 (4); 27. **Petra Behle** 59:29,7 (1); 39. **Katja Beer** (alle GER) 1:01:26,4 (4).

4 x 7,5 km-Staffel

Donnerstag, 19. Februar

G **GER** 1:40:13,6 h
(Uschi Disl, Martina Zellner, Katrin Apel, Petra Behle)
S **RUS** 1:40:25,2 h
(Olga Melnik, Galina Kuklewa, Albina Achatowa, Olga Romasko)
B **NOR** 1:40:37,3 h
(Ann-Elen Skjelbreid, Annette Sikveland, Gunn Margit Andreassen, Liv Grete Skjelbreid)

4. SVK 1:41:20,6; 5. UKR 1:42:32,6; 6. CZE 1:43:20,5; 7. CHN 1:43:32,6; 8. FRA 1:43:54,6.

EISSPORT

EISKUNSTLAUF

Nagano, White Ring

Herren

Sonnabend, 14. Februar

G **Ilja Kulik** (RUS) 1,5 Pkt.
S **Elvis Stojko** (CAN) 4,0 Pkt.
B **Philippe Candeloro** (FRA) 4,5 Pkt.

4. Todd Eldredge (USA) 5,5; 5. Alexej Jagudin (RUS) 7,0; 6. Steven Cousins (GBR) 10,0; 7. Michael Weiss (USA) 11,5; 8. Zhengxin Guo (CHN) 14,0. (GER nicht am Start)

Damen

Freitag, 20. Februar

G **Tara Lipinski** (USA) 2,0 Pkt.
S **Michelle Kwan** (USA) 2,5 Pkt.
B **Lu Chen** (CHN) 5,0 Pkt.

4. Maria Butirskaja (RUS) 5,5 Punkte; 5. Irina Slutskaja (RUS) 7,5; 6. Vanessa Gusmeroli (FRA) 10,0; 7. Elena Sokolowa (RUS) 12,0; 8. Tatjana Malinina (UZB). (GER nicht am Start)

Paare

Dienstag, 10. Februar

G **Oksana Kasakowa/ Artur Dmitrijew** (RUS) 1,5 Pkt.
S **Elena Bereschnaja/ Anton Sikarulidse** (RUS) 3,5 Pkt.
B **Mandy Wötzel/ Ingo Steuer** (GER) 4,0 Pkt.

4. Kyoko Ina/Jason Dungjen (USA) 6,0;
5. Xue Shen/Hongbo Zhao (CHN) 9,0;
6. Sarah Abitbol/Stephan Bernadis (FRA) 9,5;
7. Marina Eltsowa/Andrej Buschkow (RUS) 9,5;
8. Jenni Meno/Todd Sand (USA) 12,0;
9. **Peggy Schwarz/Mirko Müller** (GER) 12,5.

Eistanz

Montag, 16. Februar

G **Pascha Gritschuk/ Jewgeni Platow** (RUS) 2,0 Pkt.
S **Anjelika Krylowa/ Oleg Owsiannikow** (RUS) 4,0 Pkt.
B **Marina Anissina/ Gwendal Peizerat** (FRA) 7,0 Pkt.

4. Shae-Lynn Bourne/Victor Kraatz (CAN) 7,2; 5. Irina Lobaschewa/Ilja Awerbuch (RUS) 9,8; 6. Barbara Fusar-Poli/Maurizio Margaglio (ITA) 12,0; 7. Elisabeth Punsalan/Jerod Swallow (USA) 14,0; 8. Margerita Drobiazko/ Povilas Vanagas (LTU) 16,2 … **Kati Winkler/ René Lohse** (GER) 19,8.

EISSCHNELLAUF

Nagano, M-Wave

HERREN

500 m

Montag, Dienstag, 9./10. Februar

G **Hiroyasu Shimizu** (JPN) 71,35 Pkt. (35,76 s/35,59 s/OR)
S **Jeremy Wotherspoon** (CAN) 71,84 Pkt. (36,04/35,80)
B **Kevin Overland** (CAN) 71,86 Pkt. (35,78/36,08)

4. Sylvain Bouchard (CAN) 72,00 (35,90/ 36,10); 5. Patrick Bouchard (CAN) 72,05 (35,96/36,09); 6. Casey Fitzrandolph (USA) 72,20 (35,81/36,39); 7. Yoon-Man Kim (KOR) 72,36 (36,13/36,23); 8. Kyu-Hyuk Lee (KOR) 72,55 (36,14/36,41) … 11. **Michael Künzel** 72,75 (36,56/36,19 – DR); 19. **Christian Breuer** 73,19 (36,78/36,41); nach 1. Lauf aufgegeben: **Peter Adeberg** (alle GER).

1000 m

Sonntag, 15. Februar

G **Ids Postma** (NED) 1:10,64 min (OR)
S **Jan Bos** (NED) 1:10,71 min
B **Hiroyasu Shimizu** (JPN) 1:11,00 min

4. Jakko Jan Leeuwangh (NED) 1:11,26; 5. Sylvain Bouchard (CAN) 1:11,29; 6. Jeremy Wotherspoon (CAN) 1:11,39; 7. Casey Fitzrandolph (USA) 1:11,64; 8. KC Boutiette (USA) 1:11,75; 9. **Peter Adeberg** 1:11,90 (DR); 16. **Christian Breuer** (beide GER) 1:12,34.

1500 m

Donnerstag, 12. Februar

G **Adne Söndral** (NOR) 1:47,87 min (WR)
S **Ids Postma** (NED) 1:48,13 min
B **Rintje Ritsma** (NED) 1:48,52 min

4. Jan Bos (NED) 1:49,75; 5. KC Boutiette (USA) 1:50,04; 6. Martin Hersman (NED) 1:50,31; 7. Hiroyuki Noake (JPN) 1:50,49; 8. Toru Aoyanagi (JPN) 1:50,68; 9. **Christian Breuer** 1:50,96 (DR) ... 13. **Peter Adeberg** 1:51,50; 33. **Frank Dittrich** 1:53,64; 38. **René Taubenrauch** (alle GER) 1:54,91.

5000 m

Sonntag, 8. Februar

G **Gianni Romme** (NED) 6:22,20 min (WR)
S **Rintje Ritsma** (NED) 6:28,24 min
B **Bart Veldkamp** (BEL) 6:28,31 min

4. Bob de Jong (NED) 6:31,37; 5. **Frank Dittrich** 6:32,17 (DR); 6. **René Taubenrauch** (beide GER) 6:35,21; 7. Keiji Shirahata (JPN) 6:36,71; 8. Kjell Storelid (NOR) 6:37,12 ... 13. **Alexander Baumgärtel** (GER) 6:39,44.

10 000 m

Dienstag, 17. Februar

G **Gianni Romme** (NED) 13:15,33 min (WR)
S **Bob de Jong** (NED) 13:25,76 min
B **Rintje Ritsma** (NED) 13:28,19 min

4. Bart Veldkamp (BEL) 13:29,69; 5. Kjell Storelid (NOR) 13:35,95; 6. **Frank Dittrich** (GER) 13:36,58 (DR); 7. Lasse Saetre (NOR) 13:42,94; 8. KC Boutiette (USA) 13:44,03 ... 10. **Alexander Baumgärtel** 13:48,44; 11. **René Taubenrauch** (beide GER) 13:52,10.

DAMEN

500 m

Freitag, Sonnabend, 13./14. Februar

G **Catriona Le May Doan** (CAN) 76,60 Punkte (38,39 s/38,21 s/OR)
S **Susan Auch** (CAN) 76,93 Punkte (38,42/38,51)
B **Tomomi Okazaki** (JPN) 77,10 Punkte (38,55/38,55)

4. **Franziska Schenk** (GER) 77,45 (38,88/38,57 – DR eg.); 5. Kyoko Shimazaki (JPN) 77,68 (38,75/ 38,93); 6. Marianne Timmer (NED) 78,15 (39,12/39,03); 7. **Sabine Völker** 78,19 (39,19/39,00); 8. **Monique Garbrecht** 78,45 (39,11/39,34); 15. **Anke Baier-Loef** (alle GER) 79,48 (39,73/39,75).

1000 m

Donnerstag, 19. Februar

G **Marianne Timmer** (NED) 1:16,51 min (OR)
S **Christine Witty** (USA) 1:16,79 min
B **Catriona Le May Doan** (CAN) 1:17,37 min

4. **Sabine Völker** (GER) 1:17,54; 5. Annamarie Thomas (NED) 1:17,95; 6. Becky Sundstrom (USA) 1:18,23; 7. Tomomi Okazaki (JPN) 1:18,27; 8. Eriko Sammiya (JPN) ... 10. **Monique Garbrecht** 1:18,76; 16. **Anke Baier-Loef** 1:19,42; nach Sturz ausgeschieden: **Franziska Schenk** (alle GER).

1500 m

Montag, 16. Februar

G **Marianne Timmer** (NED) 1:57,58 min (WR)
S **Gunda Niemann-Stirnemann** (GER) 1:58,66 min
B **Christine Witty** (USA) 1:58,97 min

4. Emese Hunyady (AUT) 1:59,19; 5. **Anni Friesinger** (GER) 1:59,20; 6. Annemarie Thomas (NED) 1:59,29; 7. **Claudia Pechstein** (GER) 1:59,46; 8. Jennifer Rodriguez (USA) 2:00,97.

3000 m

Mittwoch, 11. Februar

G **Gunda Niemann-Stirnemann** (GER) 4:07,29 min (OR)
S **Claudia Pechstein** (GER) 4:08,47 min
B **Anni Friesinger** (GER) 4:09,44 min

4. Jennifer Rodriguez (USA) 4:11,64; 5. Emese Hunyady (AUT) 4:12,01; 6. Kirstin Holum (USA) 4:12,24; 7. Ludmila Prokaschewa (KAZ) 4:14,23; 8. Annemarie Thomas (NED) 4:14,38.

5000 m

Freitag, 20. Februar

G **Claudia Pechstein** (GER) 6:59,61 min (WR)
S **Gunda Niemann-Stirnemann** (GER) 6:59,65 min
B **Ludmilla Prokaschewa** (KAZ) 7:11,14 min

4. Barbara de Loor (NED) 7:11,81; 5. Tonny de Jong (NED) 7:12,77; 6. Carla Zijlstra (NED) 7:12,89; 7. Kristin Holum (USA) 7:14,20; 8. Emese Hunyady (AUT) 7:15,23 ... 14. **Heike Warnicke** (GER) 7:30,83.

SHORT TRACK

Nagano, White Ring

HERREN

500 m

Sonnabend, 21. Februar

G **Takafumi Nishitani** (JPN) 42,86 s
S **Yulong An** (CHN) 43,02 s
B **Hitoshi Uematsu** (JPN) 43,71 s

B-Finale: 4. Ji-Hoon Chae (KOR) 42,83; 5. Dave Versteeg (NED) 42,93; 6. Andrew Gabel (USA) 43,07; 7. Dong-Sung Kim (KOR) 43,09 - Marc Gagnon (CAN) im A-Finale gestürzt; im Vorlauf ausgeschieden: **Arian Nachbar** (GER).

1000 m

Dienstag, 17. Februar

G **Dong-Sung Kim** (KOR) 1:32,375 min
S **Jiajun Li** (CHN) 1:32,428 min
B **Eric Bedard** (CAN) 1:32,661 min

4. Andrew Gabel (USA) 1:33,518; 5 – B-Finale: 5. Naoya Tamura (JPN) 1:32,927; 6. Fabio Carta (ITA) 1:33,015; 7. Jun-Hwan Lee (KOR) 1:33,131; 8. Matthew James Jasper (GBR); im Vorlauf ausgeschieden: **Arian Nachbar** (GER).

5000 m-Staffel

Sonnabend, 21. Februar

G **CAN** 7:06,07 min
(Eric Bedard, Francois Drolet, Marc Gagnon, Jonathan Guilmette, Derrick Nathan Campbell)
S **KOR** 7:06,77 min
(Ji-Hoon Chae, Dong-Sung Kim, Sun-Tae Kim, Ho-Eung Lee, Jun-Hwan Lee)
B **CHN** 7:11,55 min
(Yulong An, Kai Feng, Jiajun Li, Xuefeng Wang, Ye Yuan)

4. ITA 7:15,21; B-Finale: 5. JPN 7:01,66; 6. USA 7:02,01; 7. GBR 7:06,46; 8. AUS 7:15,90. (GER nicht am Start)

DAMEN

500 m

Donnerstag, 19. Februar

G **Annie Perrault** (CAN) 46,56 s
S **Yang Yang/B** (CHN) 46,62 s
B **Lee-Kyung Chun** (KOR) 46,33 s (Siegerin B-Finale)

4. Min-Kyung Choi (KOR) 46,50; 5. Mara Urbani (ITA) 46,68; 6. Ikue Teshigwara (JPN) 46,88 – Isabelle Charest (CAN) im A-Finale disqual.; Chunlu Wang (CHN) im A-Finale gestürzt; ... 20. **Yvonne Kunze** 46,887 (Vorlauf-Dritte); 31. **Susanne Busch** 1 : 30,607 (Vorlauf-Vierte/beide GER).

1000 m

Sonnabend, 21. Februar

G **Lee-Kyung Chun** (KOR) 1:42,77 min
S **Yang Yang/B** (CHN) 1:43,34 min
B **Hye-Kyung Won** (KOR) 1:43,36 min

B-Finale: 4. Amy Peterson (USA) 1:37,34; Ikue Teshigawara (JPN) 1:37,69; 7. Yun-Mi Kim (KOR) 1:37,77 - Yang Yang/A (CHN) im A-Finale disqual. (im Viertelfinale 1:31,99/WR); im Vorlauf ausgeschieden: **Yvonne Kunze**, **Susanne Busch** (beide GER).

3000-m-Staffel

Dienstag, 17. Februar

G **KOR** 4:16,260 min (WR)
(Sang-Mi An, Lee-Kyung Chun, Yun-Mi Kim, Hye-Kyung Won)
S **CHN** 4:16,383 min
(Dandan Sun, Chunlu Wang, Yang Yang/A, Yang Yang/B)
B **CAN** 4:21,205 min
(Christine Boudrias, Isabelle Charest, Annie Perreault, Tania Vicent)

4. JPN 4:30,612 – B-Finale: 5. USA 4:26,253; 6. NED 4:26,592; 7; 7. PRK 4:27,030; 8. **GER** (Susanne Busch, Anne Eckner, Yvonne Kunze, Andrea Pupke, Katrin Weber) 4:37,110.

RENNRODELN

Iizuna Kogen, Asakawa Spiral

HERREN

Einsitzer

Sonntag/Montag, 8./9. Februar

G **Georg Hackl** (GER) 3:18,436 min (49,715/49,690/49,614/49,630)

S **Armin Zöggeler** (ITA) 3:18,939 min (49,715/49,690/49,737/49,797)

B **Jens Müller** (GER) 3:19,093 min (49,954/49,700/49,729/49,710)

4. Markus Prock (AUT) 3:19,656; 5. Markus Kleinheinz (AUT) 3:19,724; 6. Wendel Suckow (USA) 3:19,728; 7. Gerhard Gleirscher (AUT) 3:19,785; 8. Reinhold Rainer (ITA) 3:19,946 ... 12. **Klaus Karsten Albert** (GER) 3:21,104 (50,353/50,172/50,080/50,499).

Doppelsitzer

Freitag, 13. Februar

G **Stefan Krauße/Jan Behrendt** (GER) 1:41,105 min (50,592/50,513)

S **Chris Thorpe/Gordy Sheer** (USA) 1:41,127 min (50,634/50,513)

B **Mark Grimmette/Brian Martin** (USA) 1:41,217 min (50,716/50,501)

4. Tobias und Markus Schiegl (AUT) 1:41,421; 5. Kurt Brugger/Wilfried Huber (ITA) 1:41,768; 6. Gerhard Plankensteiner/Oswald Haselrieder (ITA) 1:41,917; 7. Igor Urbanski/Andrej Muhin (UKR) 1:41,968; 8. **Steffen Skel/Steffen Wöller** (GER) 1:42,224 (51,408/50,816).

DAMEN

Einsitzer

Dienstag/Mittwoch, 10./11. Februar

G **Silke Kraushaar** (GER) 3:23,779 min (51,197/51,178/50,787/50,617)

S **Barbara Niedernhuber** (GER) 3:23,781 min (51,216/51,103/50,837/50,625)

B **Angelika Neuner** (AUT) 3:24,253 min (51,417/51,286/50,945/50,605)

4. **Susi Erdmann** (GER) 3:24,449 (51,475/51,348/50,895/50,731); 5. Andrea Tagwerker (AUT) 3:24,491; 6. Erin Warren (USA) 3:25,328; 7. Cammy Myler (USA) 3:25,475; 8. Bethany Calcaterra-McMahon (USA) 3:25,558.

BOBSPORT

Iizuna Kogen, Asakawa Spiral

Zweier

Sonnabend/Sonntag, 14./15. Februar

G **Günther Huber/ Antonio Tartaglia** (ITA) 3:37,24 min (54,51/54,29/54,17/54,27)
Pierre Lueders/ David McEachern (CAN) 3:37,24 min (54,56/54,28/54,16/54,24)

B **Christoph Langen/Markus Zimmermann** (GER) 3:37,89 min (54,82/54,62/54,11/54,34)

4. Christian Reich/Cedric Grand (SUI) 3:38,15; 5. Sandis Prusis/Janis Elsins (LAT) 3:38,24; 6. Reto Götschi/Guido Acklin (SUI) 3:38,27; 7. James Herberich/Robert Olesen 3:38,53; 8. Pavel Puskar/Jan Kobian (CZE) 3:38,59 ... 11. **Dirk Wiese/Marco Jakobs** (GER) 3:38,88 (54,83/54,66/54,63/54,76).

Vierer

Freitag/Sonnabend, 20./21. Februar

G **GER II** 2:39,41 min (52,70/52,90/53,81)
(Christoph Langen, Markus Zimmermann, Marco Jakobs, Olaf Hampel)

S **SUI I** 2:40,01 min (53,13/53,15/53,73)
(Marcel Rohner, Markus Nüssli, Markus Wasser, Beat Seitz)

B **FRA I** 2:40,06 min (53,13/53,30/53,63)
(Bruno Mingeon, Emmanuel Hostache, Eric Le Chanony, Max Robert)
GBR I 2:40,06 min (52,77/53,58/53,71)
(Sean Olsson, Dean Ward, Courtney Rumbolt, Paul Attwood)

5. USA I (Brian Shimer) 2:40,08; 5. 6. LAT I (Sandis Prusis) 2:40,26; 7. SUI II (Christian Reich) 2:40,28; 8. **GER I** (Harald Czudaj, Torsten Voss, Steffen Görmer, Alexander Szelig) 2:40,32 (53,12/53,50/53,70). (nur drei Läufe ausgetragen)

CURLING

Karuizawa, Nagakura
9. bis 15. Februar

HERREN

1. Runde
GER – SUI 4 : 7, CAN – JPN 7 : 4, SWE – USA 6 : 2, GBR – NOR 4 : 2
2. Runde
GER – NOR 5 : 7, JPN – SWE 6 : 5 (im Tiebreak), CAN – USA 11 : 3, SUI – GBR 10 : 4
3. Runde
GER – SWE 6 : 7, CAN – GBR 10 : 3, USA – NOR 7 : 6, SUI – JPN 5 : 3
4. Runde
GER – CAN 6 : 10, NOR – JPN 5 : 3, USA – SUI 2 : 7, SWE – GBR 7 : 5
5. Runde
GER – USA 5 : 8, GBR – JPN 9 : 5, NOR – SWE 7 : 4, CAN – SUI 8 : 3
6. Runde
GER – GBR 7 : 4, CAN – SWE 6 : 3, JPN – USA 8 : 6, NOR – SUI 5 : 4
7. Runde
GER – JPN 5 : 7, GBR – USA 3 : 6, SWE – SUI 2 : 8, NOR – CAN 10 : 8

Endstand Vorrunde:
1. CAN 6 Siege/1 Niederlage,
2. SUI, NOR je 5/2,
4. SWE, JPN, USA 3/4,
7. GBR 2/5,
8. **GER** (Andreas Kapp, Uli Kapp, Michael Schäffer, Holger Höhne, Oliver Axnick/ CC Füssen) 1/6

Qualifikation um 4. Platz:
USA – SWE 5 : 2, USA – JPN 5 : 4

Halbfinale
CAN – USA 7 : 1, SUI – NOR 8 : 7

Spiel um Platz 3
NOR – USA 9 : 4

Finale
SUI – CAN 9 : 3

G **SUI**
(Patrick Hürlimann, Patrik Loertscher, Daniel Müller, Diego Perren, Dominic Andres/CC Olympique Lausanne)

S **CAN**
(Mike Harris, Richard Hart, Collin Mitchell, George Karrys, Paul Savage/Tam Heather Curling Club Scarborough)

B **NOR**
(Eigil Ramsfjell, Jan Thoresen, Stig-Arne Gunnestad, Anthon Krimsmo, Tore Torvbraaten/Snaroen CC Oslo)

DAMEN

1. Runde
GER – DEN 5 : 6, CAN – USA 7 : 6, GBR – JPN 7 : 5, SWE – NOR 8 : 2
2. Runde
GER – JPN 2 : 9, SWE – USA 8 : 5, DEN – GBR 9 : 3, NOR – CAN 5 : 4
3. Runde
GER – USA 5 : 8, NOR – GBR 4 : 6, JPN – CAN 4 : 7, SWE – DEN 5 : 4
4. Runde
GER – NOR 7 : 6 (im Tiebreak), CAN – DEN 9 : 5, GBR – USA 8 : 5, SWE – JPN 12 : 6
5. Runde
GER – SWE 3 : 8, JPN – NOR 8 : 4, USA – DEN 5 : 8, CAN – GBR 8 : 3
6. Runde
GER – GBR 5 : 6, CAN – SWE 7 : 5, NOR – USA 9 : 8, DEN – JPN 6 : 4
7. Runde
GER – CAN 5 : 8, USA – JPN 10 : 2, DEN – NOR 8 : 3, SWE – GBR 8 : 5

Endstand Vorrunde:
1. CAN, SWE je 6/1
3. DEN 5/2
4. GBR 4/3
5. JPN, NOR, USA je 2/5
8. **GER** (Dr. Andrea Schöpp, Monika Wagner, Natalie Neßler, Heike Wieländer, Carina Meidele/SC Riessersee) 1/6

Halbfinale
CAN – GBR 6 : 5, DEN – SWE 7 : 5

Spiel um Platz 3
SWE – GBR 10 : 6

Finale
CAN – DEN 7 : 5

G **CAN**
(Sandra Schmirler, Jan Betker, Joan McCusker, Marcia Gudereit, Atina Ford/Caledonian Curling Club Regina)

S **DEN**
(Helena Blach-Lavrsen, Margit Elisabeth Pörtner, Dorthe Elisabeth Holm, Trine Qvist, Jane Bidstrup/Hvidovre CC Kopenhagen)

B **SWE**
(Elisabet Gustafson, Katarina Nyberg, Louise Marmont, Elisabeth Persson, Margarethe Lindahl/Curling Club Umea)

EISHOCKEY
Nagano, Big Hat/Aqua Wing

HERREN
7. bis 22. Februar

Vorrunde, Gruppe A
ITA – KAZ 3 : 5 (3 : 1, 0 : 1, 0 : 3)
AUT – SVK 2 : 2 (1 : 0, 1 : 2, 0 : 0)
AUT – KAZ 5 : 5 (2 : 2, 2 : 1, 1 : 2)
SVK – ITA 4 : 3 (1 : 2, 3 : 1, 0 : 0)
SVK – KAZ 3 : 4 (1 : 1, 1 : 0, 1 : 3)
ITA – AUT 5 : 2 (2 : 0, 2 : 0, 1 : 2)
Endstand: 1. KAZ 14 : 11 Tore/5 : 1 Punkte (für Finalrunde qualifiziert); 2. SVK 9 : 9/ 3 : 3; 3. ITA 11 : 11/2 : 4; 4. AUT 9 : 12/2 : 4.

Vorrunde, Gruppe B
GER – JPN 3 : 1 (0 : 0, 1 : 0, 2 : 1)
FRA – BLR 0 : 4 (0 : 1, 0 : 1, 0 : 2)
GER – BLR 2 : 8 (0 : 2, 2 : 3, 0 : 3)
JPN – FRA 2 : 5 (2 : 1, 0 : 1, 0 : 3)
BLR – JPN 2 : 2 (1 : 1, 1 : 1, 0 : 0)
GER – FRA 2 : 0 (0 : 0, 1 : 0, 1 : 0)
Endstand: 1. BLR 14 : 4/5 : 1 (für Finalrunde qualifiziert); 2. **GER** 7 : 6/4 : 2; 3. FRA 5 : 8/ 2 : 4; 4. JPN 5 : 10/1 : 5.

Spiel um Platz 13
AUT – JPN 3 : 3 (2 : 1, 0 : 1, 1 : 1, 0 : 0)
n. V./Penaltyschießen: 2 : 3

Spiel um Platz 11
ITA – FRA 1 : 5 (0 : 1, 0 : 0, 1 : 4)

Spiel um Platz 9
GER – SVK 4 : 2 (0 : 1, 1 : 1, 3 : 0)

Finalrunde
Gruppe 1
USA – SWE 2 : 4 (2 : 1, 0 : 2, 0 : 1)
CAN – BLR 5 : 0 (2 : 0, 2 : 0, 1 : 0)
SWE – CAN 2 : 3 (1 : 0, 0 : 3, 1 : 0)
BLR – USA 2 : 5 (1 : 2, 0 : 1, 1 : 2)
CAN – USA 4 : 1 (1 : 0, 2 : 0, 1 : 1)
SWE – BLR 5 : 2 (2 : 0, 1 : 1, 2 : 1)
Endstand: 1. CAN 12 : 3 Tore/6 : 0 Punkte; 2. SWE 11 : 7/4.2; 3. USA 8 :10/2 : 4; 4. BLR 4 : 15/0 : 6

Gruppe 2
FIN – CZE 0 : 3 (0 : 0, 0 : 1, 0 : 2)
RUS – KAZ 9 : 2 (2 : 1, 5 : 0, 2 : 1)
RUS – FIN 4 : 3 (1 : 2, 2 : 1, 1 : 0)
CZE – KAZ 8 : 2 (1 : 0, 3 : 2, 4 : 0)
FIN – KAZ 8 : 2 (3 : 1, 1 : 0, 4 : 1)
CZE – RUS 1 : 2 (0 : 0, 1 : 0, 0 : 2)
Endstand: 1. RUS 15 : 6/6 : 0; 2. CZE 12 : 4/4 : 2; 3. FIN 11 : 9/2 : 4; 4. KAZ 6 : 25/0 : 6

Viertelfinale
CZE – USA 4 : 1 (0 : 1, 3 : 0, 1 : 0)
RUS – BLR 4 : 1 (1 : 0, 1 : 0, 2 : 1)
SWE – FIN 1 : 2 (0 : 0, 0 : 0, 1 : 2)
CAN – KAZ 4 : 1 (2 : 1, 2 : 0, 0 : 0)

Halbfinale
CZE – CAN 1 : 1 (0 : 0, 0 : 0, 1 : 1, 0 : 0)
n. V./Penaltyschießen: 1 : 0
RUS – FIN 7 : 4 (2 : 0, 2 : 3, 3 : 1)

Spiel um Platz 3
FIN – CAN 3 : 2
Tore: 1 : 0 Kurri (3:33), 1 : 1 Brind'Amour (16 : 50), 2:1 Lehtinen (17 : 23), 2:2 Shanahan 42 : 47, 3 : 2 Peltonen (40 : 17)

Finale
CZE – RUS 1 : 0
Tor: Svoboda (48:08)

G **CZE**
(Dominik Hašek, Roman Cechmánek, Martin Straka, Richard Šmelík, Jaromir Jágr, Jiří Šlégr, Vladimir Ružička, Robert Lang, Robert Reichel, Petr Svoboda, Martin Ručinsky, Roman Hamrlík, František Kučera, Jaroslav Špaček, David Moravec, Jiří Dopita, Josef Beránek, Libor Procházka, Pavel Patera, Jan Čaloun, Martin Procházka, Milan Hejduk, Milan Hnilička)

S **RUS**
(Andrej Trefilow, Oleg Schewzow, Michail Schtalenko, Boris Mironow, Dmitri Juschkewitsch, Alexej Gussarow, Sergej Nemtschinow, Sergej Kriwokrassow, Pawel Bure, Darjus Kasparaitis, Waleri Kamenski, German Titow, Dmitri Mironow, Alexej Jaschin, Waleri Bure, Alexej Morosow, Waleri Selepukin, Igor Krawtschuk, Alexej Shamnow, Alexej Shitnik, Andrej Kowalenko, Sergej Gontschar, Sergej Fedorow)

B **FIN**
(Jukka Tammi, Ari Sulander, Jarmo Myllys, Kimmo Timonen, Aki-Petteri Berg, Tuomas Grönman, Teemu Selänne, Esa Tikkanen, Saku Koivu, Janne Laukkanen, Raimo Helminen, Antti Törmänen, Ville Peltonen, Jari Kurri, Juha Lind, Jere Lehtinen, Jyrki Lumme, Sami Kapanen, Kimmo Rintanen, Teppo Numminen, Juha Ylönen, Mika Nieminen, Janne Niinimaa)

4. CAN
(Patrick Roy, Martin Brodeur, Curtis Joseph, Rod Brind'Amour, Shayne Corson, Robert Blake, Raymond Bourque, Eric Lindros, Allan MacInnis, Rob Zamuner, Chris Pronger, Joe Nieuwendyk, Theoren Fleury, Scott Stevens, Mark Recchi, Eric Desjardins, Keith Primeau, Joe Sakic, Brendan Shanahan, Trevor Linden, Steve Yzerman, Adam Foote, Wayne Gretzky)

5. SWE
(Johan Hedberg, Tommy Söderström, Tommy Salo, Mattias Öhlund, Tommy Albelin, Nicklas Lidström, Ulf Samuelsson, Calle Johansson, Daniel Alfredsson, Mats Sundin, Mattias Norström, Tomas Sandström, Mikael Renberg, Jörgen Jönsson, Peter Forsberg, Ulf Dahlén, Patric Kjellberg, Marcus Ragnarsson, Mikael Andersson, Niklas Sundström, Andreas Johansson, Mats Lindgren, Michael Nylander)

6. USA
(Mike Richter, John Vanbiesbrouck, Guy Hebert, Bryan Berard, John LeClair, Brett Hull, Doug Weight, Keith Carney, Kevin Hatcher, Mathieu Schneider, Pat LaFontaine, Jamie Langenbrunner, Otto, Brian Leetch, Derian Hatcher, Mike Modano, Tony Amonte, Keith Tkachuk, Chris Chelios, Bill Guerin, Adam Deadmarsh, Gary Suter, Jeremy Roenick)

7. BLR
8. KAZ
9. **GER**
(Olaf Kölzig, Klaus Merk, Joseph Heiß, Uwe Krupp, Brad Bergen, Erich Goldmann, Mirko Lüdemann, Jochen Molling, Daniel Kunce, Markus Wieland, Lars Brüggemann, Jochen Hecht, Thomas Brandl, Marco Sturm, Jürgen Rumrich, Benoit Doucet, Stefan Ustorf, Mark MacKay, Jan Benda, Dieter Hegen, Reemt Pyka, Peter Draisaitl, Andreas Lupzig)

Als beste Spieler ausgezeichnet:
Tor: Dominik Hašek (CZE)
Verteidigung: Rob Blake (CAN)
Sturm: Pawel Bure (RUS)

Scorerwertung:
1. Teemu Selänne (FIN) 4Tore/6 Vorlagen
2. Saku Koivu (FIN) 2 Tore/8 Vorlagen
3. Pawel Bure (RUS) 9 Tore

DAMEN
8. bis 17. Februar

Vorrunde
SWE – FIN 0 : 6 (0 : 2, 0 : 2, 0 : 2)
CAN – JPN 13 : 0 (3 : 0, 6 : 0, 4 : 0)
CHN – USA 0 : 5 (0 : 2, 0 : 1, 0 : 2)
FIN – JPN 11 : 1 (2 : 0, 3 : 0, 6 : 1)
USA – SWE 7 : 1 (1 : 1, 4 : 0, 2 : 0)
CAN – CHN 2 : 0 (0 : 0, 2 : 0, 0 : 0)
SWE – CAN 3 : 5 (0 : 2, 2 : 2, 1 : 1)
CHN – JPN 6 : 1 (0 : 0, 3 : 0, 3 : 1)
USA – FIN 4 : 2 (1 : 1, 3 : 1, 0 : 0)
CHN – SWE 3 : 1 (0 : 0, 0 : 1, 3 : 0)
USA – JPN 10 : 0 (5 : 0, 2 : 0, 3 : 0)
FIN – CAN 2 : 4 (0 : 2, 1 : 2, 1 : 0)
SWE – JPN 5 : 0 (2 : 0, 1 : 0, 1 : 0)
FIN – CHN 6 : 1 (2 : 0, 2 : 1, 2 : 0)
CAN – USA 4 : 7 (1 : 1, 0 : 0, 3 : 6)
Endstand Vorrunde:
1. USA 33 : 7 Tore/10 : 0 Punkte;
2. CAN 28 : 12/8 : 2; 3. FIN 27 : 10/6 : 4;
4. CHN 10 : 15/4 : 6; 5. SWE 10 : 21/2 : 8;
6. JPN 2 : 45/0 : 10

Spiel um Platz 3
FIN – CHN 4 : 1 (0 : 1, 3 : 0, 1 : 0)

Finale
USA – CAN 3 : 1 (0 : 0, 1 : 0, 2 : 1)

G **USA**
(Sara Decosta, Sarah Tueting, Tara Monsey, Christina Bailey, Elizabeth Brown, Jennifer Schmidgall, Gretchen Ulion, Angela Ruggiero, Colleen Coyne, karen Bye, Shelley Looney, Patricia Dunn, Susanne Merz, Victoria Movsessian, Laurie Baker, Sandra Whyte, A ana Blahoski, Allison Mleczko, Kathryn King, Catherine Granato)

S **CAN**
(Manon Rhéaume, Lesley reddon, Therese Brisson, Fiona Smith, Jennifer Botterill, Katheryn Anne McCormack, Hayley Wickenheiser, Judy Diduck, Cassie Campbell, Stacy Wilson, Nancy Drolet, Karen Nystrom, Becky Kellar, Geraldine Heaney, France St. Louis, Lori Dupuis, Danielle Goyette, Jayna Hefford, Laura Schuler, Vicky Sunohara)

B **FIN**
(Liisa-Maria Sneck, Tuula Katriina Puputti, Kirsi Maaria Hänninen, Johanna Annikki Ikonen, Satu Anne-Marie Huotari, Päivi Anneli Salo, Emma Kristiina Laaksonen, Katja Maarit Lehto, Marja-Helena Pälvilä, Petra Maria Pauliina Vaarakallio, Katja Hannele Riipi, Tiia-Riitta Johanna Reima, Sari Kristiina Krooks, Maria Helena Selin, Sanna Kristiina Lankosaari, Hanna-Riika Nieminen, Karoliina Stina Margaretha Rantamäki, Marianne Ihalainen, Marika Johanna Lehtimäki)

4. CHN; 5. SWE; 6. JPN.

IMPRESSUM

Herausgeber: Rudi Cerne
Konzeption und Projektleitung: Raymund Stolze
Herstellung: Olaf Prill
Bildredaktion: Eberhard Thonfeld
Autoren: Manfred Hönel (*Biathlon, Eiskunstlauf),* Sabine Kehm (*Ski Alpin, Freestyle, Snowboard),* Günter Klein (*Eishockey*), Volker Kluge (*Olympia Special, Langlauf, Skispringen, Nordische Kombination),* Klaus Weise *(Paralympics, Eisschnellauf, Short Track, Rennrodeln, Bobsport, Curling)*
Fotografen Nagano: Sascha Fromm/Tilo Wiedensohler (Camera 4), dpa-Bildteam: Hans-Peter Hill, Roland Holschneider, Gisela Gräb, Andreas Altwein, Arne Dedert, Matthias Hiekel, Ralf Hirschberger, Stephan Jansen, Frank Leonhardt, Harry Melchert, Oliver Multhaup, Hiroe Nishizawa, Sabine Schürkes sowie der Fotografen-Pool der dpa-Partner-Agenturen AFP und EPA
Koordination dpa-Sportdienst: Lothar Reich, Hans-Peter Lochmann, Harry Radunz, Wulf-Bert Beil
Zusatzfotos: Action Sport/Allsport (Seite 109), Alpinmuseum Kempten, Archiv (Kluge, Sportverlag), Associated Press GmbH, Bongarts, Deutsches Sportmuseum, Ittershagen, Leser, privat (Biellmann, Mittermayer), Reuters, Scanfoto, Sportimage, Sven Simon, Ullstein Bilderdienst (AP, DMH, Schlage, Ullstein, UPI), Visum/Kai Sawabe (Seite 111)
Olympia-Redaktion Berlin: Michael Horn *(Eissport, Statistik. Schlußredaktion),* Julia Niehaus *(Lektorat)*, Hans-Jürgen Zeume *(Skisport)*
Umschlaggestaltung: Volkmar Schwengle, Buch und Werbung, Berlin
Titelfotos: Cover [Tilo Wiedensohler (Camera 4), Stephen Jansen (dpa), Barbara Eindl (EPA/dpa)]; Rückseite [Deutsche Presse-Agentur]
Redaktionsschluß: 22. Februar 1998
Besonderer Dank für die Mitarbeit gilt Herrn Hidetaka Nishina, Nagano Prefectural Government.

Satz: LVD GmbH, Berlin
Lithos: CITY REPRO, Berlin
Druck und Bindung:
Neue Stalling GmbH, Oldenburg
ISBN 3-328-00767-9
Printed in Germany 1998

Die Deutsche Bibliothek –
CIP-Einheitsaufnahme

Olympic Games <18, 1998, Nagano-ken>:
Nagano '98: das Olympiabuch/Rudi Cerne (Hrsg.),-
Berlin: Sportverl.
ISBN 3-328-00767-9

Gedruckt auf alterungsbeständigem Papier mit chlorfrei gebleichtem Zellstoff

Olympische Winterspiele 1928 in St. Moritz: Ein Sportfotograf transportiert sein Handwerkszeug auf einem Schlitten ...

Toshiya Kodama, 8 Jahre

Takahiro Goto, 10 Jahre

SAYONARA SALT

さようなら　ソルトレークシティー　2002